支援の質を高める

相談支援専門員のための実践事例集

編集 埼玉県相談支援専門員協会

中央法規

はじめに

　相談支援専門員を養成するための標準カリキュラムが2006（平成18）年に示されてから14年近くが経ちました。その間、2015（平成27）年度から障害福祉サービスを利用するすべての利用者に対してサービス等利用計画（または障害児支援利用計画）の作成が義務づけられ、2020（令和2）年度から新しく相談支援従事者初任者研修標準カリキュラムが適用されるなど、相談支援専門員を取り巻く環境は大きく変化しています。

　また、相談支援専門員を位置づける制度自体も大きくアップデートされており、公的なサービスが拡充していくにつれて、相談支援専門員として求められる力も大きく変わっています。

　特に、2020（令和2）年6月に出された「相談支援専門員の行動指針」では、相談支援専門員は、「障害児・者等が自ら望む自立した地域生活の実現に向けて、本人の意思、人格ならびに最善の利益を尊重し、常に本人の立場に立ち、個別生活支援と地域づくりを両輪とした相談支援を実践するソーシャルワーク専門職」と定義されており、相談支援専門員の質の向上が求められているところであります。

　本書は、そうした相談支援専門員の質の向上を目指して、本事例を作成するに至りました。

　なかでも、①初任者研修を受講する前後の相談支援専門員が現場で活用する際の参考図書として、②相談支援専門員がサービス等利用計画を作成する際の参考資料として、③実務経験の長い相談支援専門員が立ち戻り、拠り所になれる本として活用されることを意識し、編集しております。

　また、本書は3章構成となっており、第1章では、初任者研修で学んだ相談支援専門員の役割やケアマネジメントと計画相談の関係性、ケアマネジメントプロセスの流れや関係性などについて述べ、第2章では、第1章を踏まえ、実際の業務に照らし合わせたとき、相談支援専門員はどのような思考過程を経て、相談支援を進めているのか述べられています。第3章では、現場でよくあるケースに沿った事例を用い、サービス等利用計画作成に至るまでの経緯や、支援の流れがわかるようにまとめております。

　本書を手に取った皆様の日々の実践の参考に、ぜひともご活用いただければ幸いです。

2020年12月

特定非営利活動法人 埼玉県相談支援専門員協会

代表理事　日野原雄二

目次

第 1 章

相談支援専門員の
仕事とは

1 相談支援専門員が行うケアマネジメントとは

　障害者の日常生活及び社会生活を総合的に支援するための法律（障害者総合支援法）の第5条第18項では、「相談支援」とは、**「基本相談支援」「地域相談支援」「計画相談支援」**の三つであると規定されており、児童福祉法第6条の2の2第7項の**「障害児相談支援」**を加えると、四つの支援が相談支援として制度上位置づけられています。

　相談支援専門員が行う相談支援には、障害者総合支援法に基づき個別給付で提供される**「特定相談支援事業」**（基本相談支援＋計画相談支援）と**「一般相談支援事業」**（基本相談支援＋地域相談支援）、児童福祉法に基づき個別給付で提供される**「障害児相談支援事業」**（障害児相談支援）と、障害者総合支援法の地域生活支援事業により市町村において実施される相談支援事業があります（図1-1）。

図1-1　障害者総合支援法における相談支援事業の体系

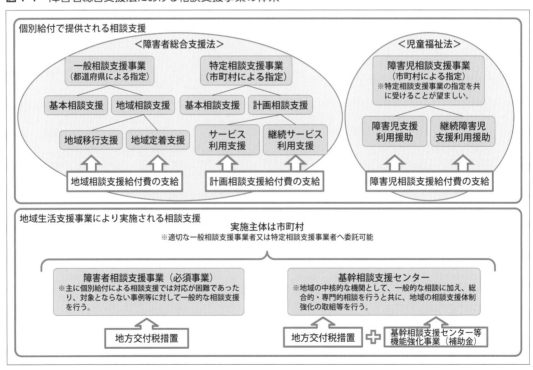

出典：厚生労働省資料

「相談支援専門員の仕事は、障害のある人（障害のある児童）が福祉サービス（障害児通所支援）を利用する際に必要となるプラン（計画）を作成すること」。この説明は間違いではありませんが、正確でもありません。プランを作成することだけが相談支援専門員の仕事ではないからです。

先述のとおり、「特定相談支援事業」は基本相談支援と計画相談支援を併せて行うことが規定されています。なぜ基本相談支援と、計画相談支援が併せて行うこととされているのかを切り口に、相談支援専門員の役割についてみていくことにしましょう。

押さえておきたいポイントは2点あります。一つは、相談支援専門員が行う相談支援は、文書の作成だけにとどまらない一連の流れ（プロセス）をもった仕事であること、もう一つは基本相談支援を含めた内容的な広がり（＝業務の広がり）をもった仕事であるということです。

2 相談支援の役割と業務
(1) 過程を大切にしたプラン作成と進捗管理
── ケアマネジメントと計画相談支援

まず一つ目の「文書の作成だけにとどまらない一連の流れをもった仕事である」という点について説明します。

福祉サービスをはじめとしたフォーマルなサービスや、インフォーマルな資源などさまざまなものを活用し、障害のある人の希望や望む暮らしを実現していくこと、そのための調整を行うことや実施計画を作成し、進捗管理をすることを**ケアマネジメント**といいます。ここでの管理とは、あくまでも支援の管理を指し、障害のある人を管理的に扱うことではありません。まさに支援（ケア）の管理（マネジメント）がケアマネジメントです。

障害のある人にとってよいプランを作るためには、計画書（文書）を作成する前に本人のことをよく知っておくなどの準備の過程を経ることが必要です。また、一度作成したプランは、そのままにすることなく、そのプランが適切なものであったかどうか、作成後のサービス利用状況や本人の様子はどうかなどを確かめ、必要に応じて変更していくことも必要です。このような流れを繰り返しながら、本人の希望や望む暮らしが実現していくのです。

これが「文書の作成だけにとどまらない一連の流れをもった」の意味です。プランを作成する過程があり、作成した後もプランの進捗管理をしていく過程があるということです。そして、このプロセスを通じて利用者の暮らしの経過、すなわち人生にかかわるのが相談支援専門員の仕事といえます。

障害者総合支援法では、障害福祉サービスを利用する障害のある人に対して、ケア

マネジメントを提供するサービス（相談支援）のことを「計画相談支援」と呼び、**サービス利用支援**と**継続サービス利用支援**（モニタリング）という二つの要素で表しています。

　障害児通所支援を利用する場合の計画相談支援である**障害児相談支援**には、基本相談支援に該当するものが定義されていません（そのため、障害児相談支援事業の指定を受ける際には、原則として特定相談支援事業の指定を併せて受けることとされています）。また、**地域相談支援**は、精神科病院や各種入所施設からの退院・退所を支援する地域移行支援と地域で暮らし続けるための「見守り」を提供する地域定着支援からなります。

(2) 基本相談支援も相談支援専門員の行う重要な仕事である

　次に二つ目の「相談支援が内容的な広がりをもった仕事である」という点について説明します。

　ケアマネジメントを用いた相談支援の業務は、本来幅広いものです。しかし、(1)で説明した障害者総合支援法における計画相談支援は、制度上に定める業務を一定程度限定しています。すなわち、計画相談支援とケアマネジメントは、完全には一致しないのです。

　より広義のケアマネジメント、あるいは相談支援の仕事とはどのようなものか、具体的に確認していきます。

　よい相談支援を提供するためには、本人や家族などとよい関係性を築くことが前提となります。また本人が納得し、前向きになれるプランを作成するためには、十分な対話での説明が必要なこともあれば、本人がイメージできるように、利用を希望する事業所への見学や体験の機会を提供するなどのかかわりが必要な場合もあります。必要な情報を得るためには、ときには病院の診察に同行し、医師らと話をすることがカギとなる場合もあります。本人の希望する暮らしを実現するためには、支援のさまざまなプロセスにおいて、必要なことを型に捉われず行うことも必要です。

　障害者総合支援法では、狭義のケアマネジメントである計画相談支援におさまらないこれらの仕事を「基本相談支援」と呼んでいます。

　先に計画相談支援とケアマネジメントは完全には一致しないと述べましたが、特定相談支援事業が基本相談支援と計画相談支援によって成立する、と定義されているところからは、障害者総合支援法の相談支援が法律上の整理から業務に限定を設けながらも、本質的には広義のケアマネジメントを志向していることを押さえておきましょう。

(3) 基本姿勢を支援に活かす── 価値に基づく実践

　相談支援専門員を目指す際に受講した相談支援従事者養成研修（初任者研修）では、サービス等利用計画の作成方法といったスキルだけでなく、①個別性の重視、②生活者視点、QOL の重視、リカバリー、③本人主体、本人中心、④自己決定（意思決定）への支援、⑤エンパワメントの視点、ストレングスへの着目、⑥権利擁護（アドボカシー）、⑦地域づくりといった視点（基本的姿勢）を学びました。

　これらを学びのなかだけにとどめることなく、それらの視点に基づいた実践（業務）を行うことが重要です。

3 相談支援の流れとケアマネジメントプロセス

　ケアマネジメント手法を活用して行う相談支援のプロセスは、図 1-2 のとおりです。

図 1-2　ケアマネジメントプロセスとサービス等利用計画の展開

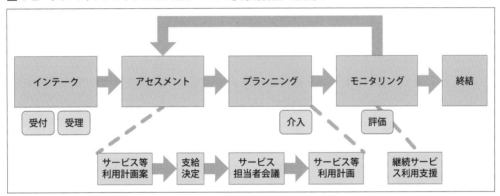

出典：厚生労働省『平成 30 年度障害者総合福祉推進事業　相談支援従事者研修ガイドラインの作成及び普及事業「新カリキュラムに基づく相談支援従事者養成研修モデル研修」資料（2 日目）』119 頁、2018 年. を一部改変

(1) インテーク（受付・受理）

● 相談の受付と利用申込、契約

　インテークは相談支援の入口であり、利用者と相談支援専門員が出会う場面です。

　利用者は事業所にアクセスし、相談支援専門員の説明に納得（同意）したときは、利用を申し込み、支援を依頼します。

　相談支援専門員の立場でいうと、利用者や家族などから話をよく聴き、その希望などを理解します。そして、利用者に事業所のことや提供する相談支援のことをわかりやすく説明し、お互い合意した際には、対等の立場で契約を結びます。

　相談支援専門員にとっては、自らの事業所が本人に適切な相談支援を提供する機関であるかを検討する（受理判断をする）段階でもあります。そうではない場合には、

適切な機関等につなぐなどの動きも必要となります。他機関につなぐ際には、本人が「たらい回し」にされたと感じたり、受け手側の機関が「丸投げ」されたと感じたりするなどの負の感情を与えることがないように対応する必要があります。

　計画相談支援の仕組みでは、このインテークの段階での主たる役割を、利用開始の手続きという位置づけにしています。こうした事務的手続きと同様に、初期の段階から、利用者をできる限り的確に理解しようとすることも重要です。その意味では、インテークの段階からアセスメントは始まっているといえます。そのため、インテークとアセスメントを分けず、一つの段階として説明する場合もあります。

● まずはいったん受けとめようとする姿勢と受けとめるための相談面接技術

　どの段階においても重要ですが、入口であるインテークにおいて特に重要なことは、本人をまずは受けとめようとする姿勢です。

　「自分の担当する仕事は何か」「自分に何ができるか」はいったん脇におき、目の前に現れた相談者が何を言いたいのか（困っていることは何か）、どのような人なのか、なぜそのような状況になっているのかなどを聴き、理解することが必要です。このことが、その後の的確な対応につながるとともに、「たらい回し」や「丸投げ」の防止にもつながります。

　人に相談をするということは、相談をする者にとって勇気を振り絞った行動であり、自分でも的確に言語化できない悩みなどを不安なままに打ち明けることも多い心理的負荷の強い行為です。その相談をした相手の対応によっては、支援を受けることや相談することそのものへの拒否感をまねくことにもつながりかねません。受けとめようとする姿勢と受けとめる技術（相談面接の技術）が必要です。

(2) アセスメント

● アセスメントとは―― 情報の収集とその解釈 (分析)

　アセスメントは、利用者の（真の）ニーズの把握や情報の収集と分析と説明されます。すなわち、利用者本人がどのような暮らしを望んでいるのか、どのような希望をもち、何を実現したいのかを把握し、現在の本人や本人を取り巻く環境を多角的に捉え、希望と現実の差を把握し、本人の希望する暮らしの実現のために必要な手立てを考えることです。的確な材料（情報＝根拠）をもとに、手立てを考えることがポイントです。

● アセスメントの継続と更新

　ケアマネジメントプロセスを説明する際、アセスメントはインテークの次に行うものとして一般的に説明されます。これはアセスメントをもとに根拠をもってプランを組み立て、それに基づき支援を提供していくことが重要であることに端を発しています。根拠は（当然のことながら）プランや支援の前提となるものですから、順番とし

てまずはアセスメントを行う必要があるということになります。

　この情報の収集と整理（分析）は、時が経ち、本人との関係性が構築され、相互理解が醸成されるにつれて、深まっていきます。それにつれ、本人像の理解の確かさも増していき、支援そのものの質も高まっていくことになります。

　アセスメント自体は支援が続く限り継続され、常に情報も本人像の理解も更新（アップデート）されていくという視点も押さえておきましょう。

●「情報」の集め方と本人像の掴み方

　「情報（材料）」の収集はインテーク同様、対話、観察、周辺情報の収集などによって行います。面談という形で対話により行われることもあれば、何かを一緒に体験する（見学、同行などを含む）、本人以外と話をする、過去にかかわっていた機関等から情報を得るなど、さまざまな方法によって行われます。利用者自身の考えや思い、その暮らしぶりについて聴いたり、その様子を確認したりしながら、的確に必要な情報を得て、それらをもとに本人の人物像を掴んでいきます。

　本人の人物像を掴むとは、得たさまざまな情報の総合的な解釈（理解すること）です。言い換えれば、利用者本人がどのような人物であるかを理解すると同時に、どのようにしてそのような人物になったかを理解することともいえます。本人の生活実態といった客観的・外形的事実だけではなく、希望や考え方、好悪などについて、背景や本人をとり巻く人や地域などの環境（周囲に関すること）を含めて理解したり想像したりすることです。

　障害のある人の人生にかかわる支援を行う相談支援専門員の仕事は、疾病の治療を目的とする医療とは異なり、科学的なデータから一律に支援方法を導き出すことが困難な場合が多くあります。人間（ヒト）という生物の生理や心理などを客観的・一般的に理解する知識や視点も必要ですが、一人ひとり認識や価値判断が異なる生活者としての人を理解することを最優先する姿勢が重要です。

● 前提となる関係性の構築—— インテークの復習

　その際は、まずは本人と向きあって本人を理解しようとする動きから始めることがポイントです。本人像を掴むためには、本人と良好な関係を築くことが前提です。そうでないと、本人は本当の自分をみせてくれないからです。

　関係性を構築するためには、相談室で必要な情報を聞く面接以外のかかわりが必要になることもあります。面接をどの場所で行ったらよいか、対話によるかかわりだけでよいかなど、そのとき、その人との場合において最善の方法は何かを考えることが重要です。

　例を挙げて説明しましょう。本人の生活している場面を実際に把握する必要があることから、よく「本人の自宅へ訪問することが重要である」といわれます。確かにそのとおりですが、同時にもう一歩深めて考え、行動するようにしましょう。その時点

において、本人にとって自宅で面接をすることが一番安心した環境で話すことになっているか、自宅の中でも居間なのか自室なのかなど、さまざまな要素を考慮するようにします。もしかすると、本人がリラックスでき、家族のことを忖度せずに発言できるのは駅前のファストフード店であるという人がいるかもしれません。場所の重要性より本人の好きな活動を見せてもらったり、本人と一緒に体験することが効果的な場合もあります。このようにして多角的な視点での検討ができるようになることで、関係性の構築や本人像の把握を的確に行うことができるようになり、時間が短縮できることもあります。

● **コミュニケーションや意思決定の困難さとその支援**

　利用者のなかには、コミュニケーションや意思決定に支援が必要な人がいます。その困難さは音声言語でのやりとり、自身の意思の形成あるいは表出などさまざまな場合があります。重度といわれる障害のある人に多くみられますが、言語による意思疎通が難しい人もいます。こうした利用者の支援にあたる際、本人との意思疎通が困難であるとして、家族や関係者の話ばかりに耳を傾けてしまうことは得策ではありません。「意思のない人はいない」ということを前提におき、本人と直接向きあうことが必ず求められます。

　このような意思疎通の支援、意思の形成や表出の支援を行う意思決定支援も、相談支援専門員やケアマネジメント、相談支援の仕事にとって忘れてはならないポイントです。

● **まとめ**

　障害のある人の暮らしを支援するためには、本人像を的確に理解することが必須です。そのための判断材料＝情報は、単にアセスメントシートを埋める（情報を聞きだす）ことで得たものよりは、よい関係性のなかでさまざまな場面や方法によって得たものが「活きた」「活用できる」情報になります。そして、情報はやみくもに集めることに意義があるのではなく、支援のために必要な、その根拠となる情報を得ることが重要です。情報を得るところで終わるのではなく、支援につなげるための整理を意識的に行うことも心がけましょう。

　この情報の収集と整理（分析）は、絶えず相談支援専門員の頭の中で行われているものです。そのため、ときにそれが事実なのか、自分の理解（判断、解釈）なのかが判然としなくなることもあります。そのような集めた情報と自分の頭の中（思考）を整理するためには、アセスメントシートなどが役立ちます。この事例集に載っているアセスメントシートをそのような視点で読むことで、自らの支援へのヒントを見つけてください。

(3) プランニング

　プランニングというと、サービス等利用計画を作成する実務のみをイメージしがちです。最終的には書面にまとめますが、そこに至るまでのプロセスは丁寧に行う必要があります。

● 目標は本人とともに立てる

　相談支援の文脈では、目標は大きくわけて2種類あります。利用者本人の目標と相談支援専門員の目標です。この二つを混同しないことと、相談支援専門員の目標は利用者の目標を実現するためにあることを大前提として覚えておきましょう。

　サービス等利用計画は、障害福祉サービスを利用するために必要な計画です。ただし、その真の目的（ゴール）は、障害福祉サービスをはじめとするサービスを利用することではありません。本人はそのサービスを自らの望む暮らしを実現するため、自らの困りごとを解決するため、その手段として使うのです。

　この、自らの望む暮らしを描くことや自らの困りごとを解決するために決めることを、一般的に「目標を立てる」といいます。人生を考えるうえで当たり前のことですが、福祉の支援をする際には忘れてしまいがちです。ともすれば、相談支援専門員の目標がそのまま本人の目標となってしまうことすらあります。目標を立てるとき、それが利用者本人の目標となっているか、本人のゴールを見定めたものであるか、常に振り返る姿勢が重要です。

　本人とともに目標を立てるためには、相談支援専門員が的確に本人像を掴んでいることはもちろんのこと、本人が前向きになれるよう、本人の強みを活かし、可能性を引き出すことができる視点（ストレングス視点）でアセスメントをしていることもポイントです。

● 計画を考える際のポイント①── 実現できる計画を立てる

　障害のある人は、子どもの時期に育つ環境が一般と異なったり、一般には経験する出来事を経験していなかったり、限定的であったりすることがよくみられます。また、人生の途上で障害者となることで、夢をあきらめたり、自信を失ったりする人もいます。そのようなパワーレスな状態にある人が、さらに挫折を繰り返した場合、状況がさらに悪くなることは想像に難くないでしょう。

　そのためにも、目標は達成することが重要です。それが、本人の望む暮らしの実現とともに、自信が増すこと、力をつけることにつながるからです。

　本人の目標が達成までに時間のかかるものであった場合には、その手前の目標を設定するなど、少しずつ階段を上っていくような段取り（＝スモールステップ）を組んでいくことも重要です。

● 計画を考える際のポイント②── 地域のあらゆるものを活用する

　サービス等利用計画はその「等」に大きな意味があるといわれます。計画相談支援

は、障害福祉サービスを利用する際に必要な手続きの一つであるとともに、本人の望む暮らしを実現していくためにケアマネジメントを提供するものです。本人の望む暮らしを実現するための手段は、障害福祉サービスの利用だけではありません。むしろ、本人の住まう地域にいるさまざまな人や施設、お店、官民にわたるサービス、交通手段などとかかわりをもち、利用しながら成り立たせていくのが、人の暮らしであることを忘れないようにしましょう。

● 計画を考える際のポイント③ —— 本人にとってわかりやすいプランを書く

　サービス等利用計画をみていると、専門用語や難しい言葉を使っているケースや、どの状況にも合致するような漠然とした言葉やあいまいな表現を見かけることがあります。専門職である相談支援専門員が作成する計画ということで、格調高く書かなければならないかというと、そのようなことはありません。利用者本人にとってわかりやすい言葉で書くことが何より重要です。

　利用者は一般的な用語法ではなく、利用者なりの言葉遣いをすることもあります。ときには一般的な用語法を捨て、本人の言葉や表現を活かしたプランを書くことも効果的です。

● 本人や関係する人と目標・方向性とそれぞれの役割を共有する
　　 —— 会議の意味と役割

　作成したサービス等利用計画案を自治体に提出し支給決定を受けたら、計画を確定させ、実際のサービス利用等の支援を開始します。その際には、サービス担当者会議を開催することが義務づけられています。会議では、関係する人たちに計画を説明し、その意見を聴取することとされています。意見を聴くだけではなく、利用者の意思や各自のもつ情報や支援の方向性を共有したり、役割分担を確認したりすることも会議の役割ですから、忘れず議事に含める必要があります。

　また、サービス担当者会議は関係者を招集して行うことが義務づけられていますが、可能な限り利用者本人に出席してもらいます。必要に応じて家族等にも参加を求めます。支援チームに必要な人に過不足なく出席を頼みましょう。

　サービス担当者会議は支給決定を伴う計画の作成や変更を行う際、支給決定がなされた後に開催が義務づけられているものですが、それ以外のタイミングであっても必要に応じて開催することがチーム支援を成功させる秘訣です。

(4) モニタリング

　モニタリングは、本人の生活や利用しているサービス等の提供状況などを確認し、必要な場合は、計画の変更やサービス等の調整などを行います。場合によっては、サービスの種類や量の加除を行うための手続きも支援します。仕組みのうえでは、モニタリングは利用者本人の自宅を訪問して面接するなど、基本的に計画作成と同様の

方法により行います。

● モニタリング時の重要な視点①── 計画は常に見直す

　計画は予定どおりに達成されることもあれば、予定より順調に達成することも、うまくいかないこともあります。計画は立てると同時に進捗管理をすることが重要です。

　「サービス等利用計画の進捗管理をする」とは、本人や家族、環境に関する情報を更新しておくことであり、その結果、計画を変更する必要がある場合には、適切に変更することをいいます。情報の更新は、面談や利用しているサービス等の状況確認などさまざまな方法で行います。その方法はその本人や周囲の状況によって変わります。これはアセスメントと同様です。その意味では、モニタリングは状況を確認するとともに、アセスメントを更新することであるともいえます。

● モニタリング時の重要な視点②── 目標は変わり得る

　人生には、やってみないとわからないことが多くあります。いかに精緻なアセスメントに基づいていたとしても、計画はあくまで仮想のもの。一歩を踏み出してみてイメージがつくこと、イメージと実際に乖離があったと気づくことも珍しいことではありません。計画どおりにならないこともままあります。

　このようなとき、利用者本人の目標は変わったり、目標がまたみえなくなってしまったりします。相談支援専門員は、計画どおりにならないことで自らを恥じたり、計画どおりにならない責任を利用者に負わせたりせず、「このようなことは人生においては当たり前のこと」と捉えて、次の目標や次の策を利用者とともに考える姿勢が重要です。

(5) 終結

　サービス等利用計画の進捗情報をモニタリングした結果、障害福祉サービスの利用が終結となるタイミングがあります。本人がエンパワメントされ、サービスを利用しなくてもインフォーマルな資源を活用しながら自分の生活を継続できる、というケースもあれば、別の相談支援事業所に変更になったために終結となるケースもあります。

　いずれの場合であっても、支援者側の一方的な判断ではなく、本人としっかりと合議して終結を決めることが重要です。ただし、終結した後でも希望があれば再開できることについても説明し、変わらず本人に寄り添う姿勢であることを伝えて、安心して本人の暮らしが継続するよう支えます。

第 **2** 節 プランの役割
—— 本人中心計画と支給決定の勘案事項

1 可視化・言語化の意味と重要性

　ケアマネジメントにおいて、**プラン**を作ることが必要な理由を理解しましょう。プラン作成の根源的な意味は、支援を可視化（見える化）することにあります。

　可視化とは、単に物理的に目に見えるようにするという意味ではありません。可視化されていないとは、その内容が一人の人の頭の中にだけある状態や一部のごく内輪の人が特有の状況で占有している状態をいいます。その意味では、ここでいう可視化とはほぼ言語化することと同義であるといえます。

　なぜ可視化・言語化が必要になるかといえば、人の暮らしには複数の人や組織、サービスがかかわっているからです。これらの本人に関係する人たちの間に共通の認識や理解が必要となります。

　日本では「言わなくてもわかる」ことを美徳とする文化もありますが、人は言わなければわからないことも多いものです。また、わかってくれていると思っていても、他人と自分が同じことを考えているとは限らないものです。考えや思いを可視化するためには、態度などで表すこともありますが、基本的には言葉で表すことが近道になります。しっかりとした連携を成り立たせるためには、考えや思いを言葉にしておくことが重要なのです。

　次に、かかわる人の属性ごとにポイントを押さえましょう。

2 本人を中心としたチーム支援とその可視化・言語化、重要な視点
(1) 本人中心支援のために

　相談支援を行うにあたっては、本人の理解や納得が前提となります。そのためには、相談支援専門員は本人に十分な対話や説明をすることが必要であり、本人と支援者の間で共通の理解や情報の共有をしておく必要があります。その意味においては、今後の見通しがもて、達成できる可能性が高いプランとすることや、本人が理解しやすい表現のプランを作成することが重要です。

　このような視点をもつことは、本人中心・本人主体の支援を行うことや**エンパワメント**、**意思決定支援**などの具現化につながります。

(2) チーム支援や多職種連携のために

　障害のある人のその人らしい地域での暮らしを成り立たせるためには、福祉サービ

スなどを複数組み合わせて使うことが多くあります。その際には、必要な情報は共有し、方向性（目標）を合意し、その達成のために各々が役割を担うことが重要です。これらの内容を言語化したプランとなっていることも重要です。

　また、第1節でもふれましたが、プランのことをサービス「等」利用計画というように、相談支援専門員が利用を提案するのは障害福祉サービスだけではありません。地域にあるさまざまなものが対象になります。このような社会資源に対する幅広い視点、必要な資源がない場合に既存のものを本人が使えるようにする（改善）、新たに創りだす（開発）などの視点も重要です。

(3) 必要なサービスの確保と市町村との連携のために
── 支給決定の勘案事項と中立・公正性

　障害のある人が障害福祉サービスの利用を申請すると、本人（児童の場合はその保護者）は市町村からサービス等利用計画案の提出を求められます。なぜなら、障害者総合支援法においては、市町村が支給決定を行う際にサービス等利用計画案を踏まえて勘案することが定められているからです。そのため、いわゆる本人自ら作成するセルフプランによる場合を除き、障害福祉サービス・障害児通所支援を利用するすべての人が計画相談支援（障害児相談支援）を利用することになります。サービス等利用計画案を勘案して支給決定することになったのは、客観的・専門的見地からの検討を経た決定を行うためです。

　連携のなかには自治体とその職員も含まれること、プランが支給決定の材料となることから、自治体の職員にとってもわかりやすく書くことや支給決定の際に必要な内容や根拠が端的に明確に記されていることも重要です。それには、自治体の的確な判断や決定につながる側面と、本人にとって必要なサービスの種類や量の確保につながる側面があります。

　また、相談支援専門員には利用するサービスや支援の内容を第三者的な観点から評価することも期待されており、中立性・公正性の観点をもちつつ、本人のアドボカシーにあたることが求められます。

相談支援専門員が行う
相談支援の流れ

■ 第2章の概要・目的

　第1章では、相談支援専門員の仕事についてふれた。なかでも、相談支援専門員の役割や、ケアマネジメントと計画相談の関係性、さらにはケアマネジメントプロセスの流れと留意点について確認した。これらは、2020（令和2）年度よりカリキュラム改定が行われた相談支援従事者初任者研修のなかでも丁寧に説明されており、本書を読まれている皆様は、復習という側面も強かったかと思う。

　第2章では、これらを実際の業務と照らし合わせて考えたときに、相談支援がどのように行われていくのか、どのような思考過程で相談支援が展開されていくのかということを、相談支援専門員の視点に立って確認していきたいと思う。

　なお、これから示す展開事例は一つの例であり、実際の業務に携わるうえで必ずしもこのような流れで展開されなくてはいけないというわけではない。また、実際の支援のなかでは、紆余曲折を伴いながらもさまざまな試行錯誤を行いつつ支援が展開されることも多々ある。

　相談者のおかれている状況、地域事情によっても支援の方法が異なる場合があるので、本章では相談支援専門員がどのような考えや解釈をしながら支援を展開していくのかという流れを、福岡さんの事例を通して基本となるケアマネジメントプロセスに沿った形でイメージしていただければと思う。

　そのなかでこれから相談支援を始める方は、基本となる流れをイメージしてもらい、すでに相談支援を実践されている方については、普段の業務を振り返るきっかけとなればと思う。

福岡さんのこれまでの生活と支援の流れのタイムライン

幼少期	言葉数は少なく一人で遊ぶ。乳幼児健康診査での指摘なし。
4歳	保育所に通所。母が保育士等に発育に関して相談。
5歳	療育機関を受診したところ、知的障害と診断。
小学校	特別支援学級に通学。交流学級も組み込んだ授業。
中学校	主治医や就学支援委員会の判断で特別支援学校に進学。
18歳	特別支援学校高等部を卒業後、就労継続支援B型事業所の利用開始。

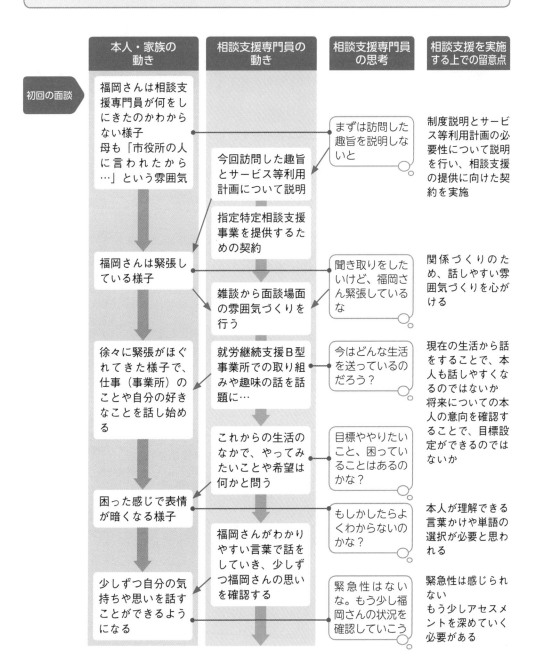

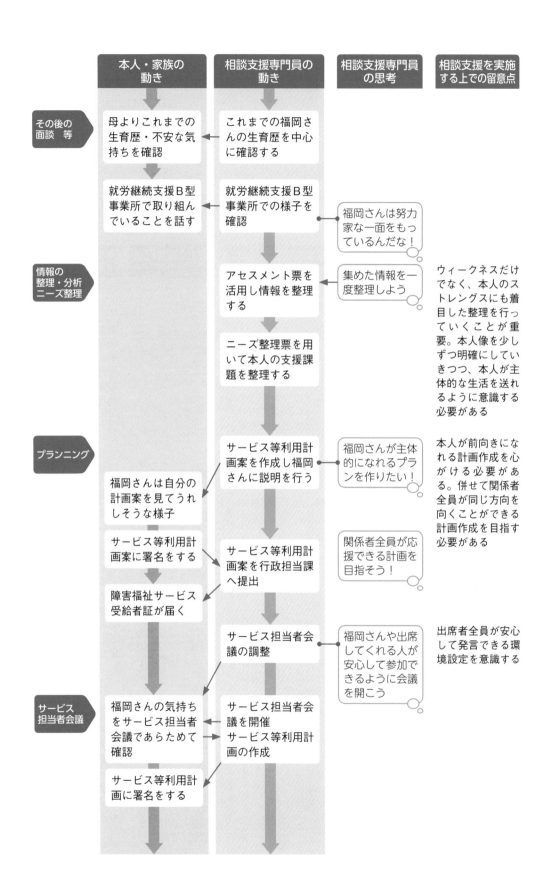

本人・家族の動き	相談支援専門員の動き	相談支援専門員の思考	相談支援を実施する上での留意点

その後の面談 等

母よりこれまでの生育歴・不安な気持ちを確認 ← これまでの福岡さんの生育歴を中心に確認する

就労継続支援Ｂ型事業所で取り組んでいることを話す ← 就労継続支援Ｂ型事業所での様子を確認

福岡さんは努力家な一面をもっているんだな！

情報の整理・分析 ニーズ整理

アセスメント票を活用し情報を整理する ← 集めた情報を一度整理しよう

ニーズ整理票を用いて本人の支援課題を整理する

ウィークネスだけでなく、本人のストレングスにも着目した整理を行っていくことが重要。本人像を少しずつ明確にしていきつつ、本人が主体的な生活を送れるように意識する必要がある

プランニング

サービス等利用計画案を作成し福岡さんに説明を行う ← 福岡さんが主体的になれるプランを作りたい！

福岡さんは自分の計画案を見てうれしそうな様子

サービス等利用計画案に署名をする ← サービス等利用計画案を行政担当課へ提出 ← 関係者全員が応援できる計画を目指そう！

本人が前向きになれる計画作成を心がける必要がある。併せて関係者全員が同じ方向を向くことができる計画作成を目指す必要がある

障害福祉サービス受給者証が届く

サービス担当者会議の調整 ← 福岡さんや出席してくれる人が安心して参加できるように会議を開こう

出席者全員が安心して発言できる環境設定を意識する

サービス担当者会議

福岡さんの気持ちをサービス担当者会議であらためて確認 ← サービス担当者会議を開催 → サービス等利用計画の作成

サービス等利用計画に署名をする

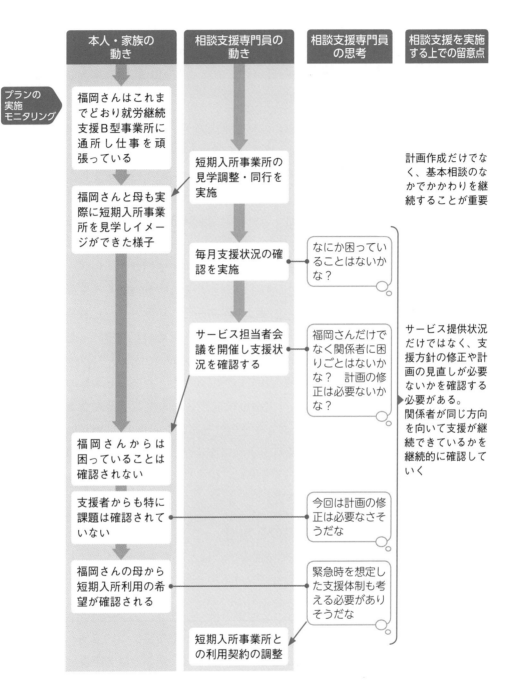

| 本人・家族の動き | 相談支援専門員の動き | 相談支援専門員の思考 | 相談支援を実施する上での留意点 |

プランの実施モニタリング

福岡さんはこれまでどおり就労継続支援Ｂ型事業所に通所し仕事を頑張っている

短期入所事業所の見学調整・同行を実施

計画作成だけでなく、基本相談のなかでかかわりを継続することが重要

福岡さんと母も実際に短期入所事業所を見学しイメージができた様子

毎月支援状況の確認を実施

なにか困っていることはないかな？

サービス担当者会議を開催し支援状況を確認する

福岡さんだけでなく関係者に困りごとはないかな？　計画の修正は必要ないかな？

サービス提供状況だけではなく、支援方針の修正や計画の見直しが必要ないかを確認する必要がある。
関係者が同じ方向を向いて支援が継続できているかを継続的に確認していく

福岡さんからは困っていることは確認されない

支援者からも特に課題は確認されていない

今回は計画の修正は必要なさそうだな

福岡さんの母から短期入所利用の希望が確認される

緊急時を想定した支援体制も考える必要がありそうだな

短期入所事業所との利用契約の調整

19

1 相談支援専門員と出会うきっかけ ～関係構築とインテーク・アセスメント～

■ 初回面談

　福岡さんと出会うきっかけは、市の障害福祉課のケースワーカーより連絡が入ったことから始まった。「一年前に特別支援学校を卒業し、就労継続支援B型の事業所に通っている。去年はセルフプランにて障害福祉サービスの支給決定をしたが、サービス等利用計画を作成してほしい」とケースワーカーからの依頼がありかかわりが始まった。相談支援専門員は母と連絡をとり、初回面談は自宅に訪問する形で顔合わせを行うこととなった。

　福岡さんは、母と一緒にリビングにあるソファに座っていたが、相談支援専門員が何をしにきたのかイメージがわかない様子がうかがえる。母自身も「市役所の人に言われたから…」と言っていたため、まずは今回訪問した趣旨とサービス等利用計画についての説明から始め、特定相談支援事業を提供するための契約を行った。

　その後面談を実施。福岡さんに緊張している様子があったため、リラックスしてもらうことが必要だと思い、部屋に飾られていた写真のことやテレビ番組の話などから会話を始めることとした。その後、「就労継続支援B型事業所でどんなことに取り組んでいるの？」と聞くと、「手工芸グループのリーダーなんだ！」「僕がいないとダメなんだよ！」と楽しそうに話してくれるようになった。また大好きな車のおもちゃの話や好きな食べ物の話などをしていくうちに、徐々に表情も柔らかくなり打ち解けていく雰囲気を肌で感じることができた。

> ### 【Point〈基本的視点「初回面談時の心得」〉】
> 　相談支援を実施するうえで、関係性の構築はとても重要なポイントになります。そのための価値と面接技術を身につけるとともに、日常業務のなかで常に意識をしていくことが必要となります。

　一方で、これからの生活のなかでやってみたいことや希望について伺うも、表情が暗くなる様子がみられ、未経験のことをイメージしていくことは苦手なのではないかと考えた。また「お母さんが病気になっちゃったらどうしよう」と福岡さんなりの不安な気持ちも話してくれた。福岡さんがどのようなことに不安を抱いているのかを理解するために、福岡さんがわかるよう簡単な言葉を使いながら不安な要因を確認していった。すると、これまで家族以外の人と過ごす経験がなかったことから、「家族と離れた生活」をイメージすることができず、強く不安を感じているということがわかってきた。一方母からは、近所に祖父母がいることや現時点では特に持病は抱えていないことから、緊急的な介入や生活面での支援体制を早期に検討する必要はないと

いう考えに至った。

　初回の面談では現在の生活と福岡さん自身の思いを確認することに終始したため、これまでの生活を確認する機会をあらためて設けてもらうこととし、福岡さんとは利用している就労継続支援Ｂ型事業所へ訪問することの約束を行い、初回面談は終了となった。

【Point〈インテーク・アセスメントで大切なこと〉】

　インテークの段階からアセスメントは始まっています。押さえておくべき点を意識しながら面談を進めていくことが必要ですが、尋問にならないよう配慮することも重要になります。また、相談支援専門員は相談者をコントロールしてはいけません。あくまでも面接場面を構築するように努めることが求められます。

　限られた情報から見立てを行い、当面の支援方針を検討することも意識しましょう。

■ 二回目の面談

　二回目の面談では福岡さんがこれまでどのような生活を送ってきたのかということを中心に面談を行うこととし、少しずつ福岡さんの「イメージ」を具体化していきたいと考えた。幼少期の頃の話や学校時代の話を聞いていくなかで、福岡さんだけでなく福岡さんの母も環境に支えられながら過ごしてきたこともわかってきた。また、さまざまなことに挑戦してきた過去もみえてきて、努力家な一面ももち合わせているのではないかと感じられた。

　母は現状の生活に満足していると言いつつも、「今は（本人の）祖父母が協力してくれるから困っていないが、将来どうなるのかが不安」という気持ちを話してくれた。これまで母親一人で子どもたちを育ててきた自負と、将来の生活を考えていかなくてはいけないという不安感を抱えていることもわかってきた。福岡さんのこれからの生活については、苦手な部分は助けてもらいながらも、自分で生きる力をつけてもらいたいという思いがある様子であった。

【Point〈アセスメントの視点①〉】

　過去の情報は本人を理解するうえでとても大切な視点になります。これまでどのような生活を送ってきたのか、本人が取り組んできたことや経験したこと、失敗談等も含め把握していくことが重要です。

　特に児童期の場合、家族支援への視点も重要になります。その頃に誰が支えてくれたのか、その結果本人や家族がどのように感じていたのかを確認することで、「人となり」がみえてくるようになります。

面談を通してわかった福岡さんの生育歴・生活歴の概要

　　幼少期の頃から言葉数が少なく一人で遊ぶことが多かったが、乳幼児健康診査では特に指摘等はなかった。

　　4歳のときに両親が離婚し、母と姉とともにB市に転居、同時に保育所への通所を開始した。本人は自分のペースで遊ぶことが多く、心配した母は保育士や園長へ発育に関する相談をしていた。5歳の頃、保育所の先生から療育機関を勧められ受診したところ、知的障害の診断を受けた。通っていた保育所は本人への理解があり、卒園まで過ごすことができて母はとても感謝をしていた。

　　小学校は特別支援学級に通学、交流学級も組み込んだ授業が行われており、放課後に友達と遊ぶことも多かったが、学年が進むにつれて授業についていくことができず支援学級で過ごすことが多くなっていった。支援学級では本人のレベルに合わせた授業が行われていたが、担任の先生が変わるとストレスからか学校を休むことが時々みられていた。

　　中学校への進学を機に特別支援学校へ進学（主治医や就学支援委員会の判断にて）。作業班に所属し、創作活動等を黙々と行うことを好んでいた。また、運動会では毎年応援団に自ら立候補し、高等部3年生のときには応援団長を務めることもあった。毎日の練習で泣きながら帰ってくることもあったが、帰宅後は祖父と応援歌の練習をするなど、陰ながら努力をする姿もみられていた。

　　福岡さんには人を惹きつける力があり、学校内でもムードメーカーとして力を発揮することが多かった。また、中等部からの親友がいて、家族ぐるみの付き合いをしており、現在も定期的な交流が続いている。

　　高等部を卒業後は、Cセンター（就労継続支援B型事業所）の利用を開始した。

■ 就労継続支援B型事業所へ訪問

　福岡さんや家族との面談と同時並行で就労継続支援B型事業所への訪問を行い、事業所で過ごす福岡さんの様子確認とサービス管理責任者に対して利用状況の聞き取りを行い、福岡さんの本人像を深めていくためのアプローチを行った。

　事業所での福岡さんは自宅とは違う表情をみせており、真剣な眼差しで作業に取り組む様子がみられた。相談支援専門員が声をかけると、「今仕事中だから」と黙々と作業をする様子がうかがえた。

　休憩時間にあらためて声をかけると、「今日は午後にレクリエーションがあるから、午前中に頑張って終わらせるんだ」と教えてくれた。その後もほかの利用者とニコニ

コと話をしている姿から、「努力家で、誰にでも優しく笑顔がとても素敵な青年」というイメージを強く感じることができた瞬間であった。

【Point〈アセスメントの視点②〉】

　人はさまざまな場所で生活しており、その場所ごとの役割や立ち位置をもっています。そのすべてを把握することは難しいですが、多角的な視点で本人像を捉えていくことが大切になります。

　すでに障害福祉サービスを利用している場合、これまでの支援から得られるヒントがたくさんあります。マイナス面に着目するのではなく、本人やその環境の強みに目を向けるようにしましょう。

サービス管理責任者からの聞き取りでも、作業自体は特に問題なく取り組んでいるとの報告があった。しかし、自分の気持ちがうまく伝わらないと感情的になる一面があるとの情報も聞くことができた。また、事業所で行っている家族面談のエピソードとして、これまで母が中心となり祖父母の協力を得ながら生活をしてきたが、将来の生活を考えていきたい思いがある一方で、どのように取り組んでいけばよいのかがわからないという課題を抱えているとの話があった。サービス管理責任者は以前から同様の話を聞くことはあったが、自事業所以外の情報が少なくどのように答えていけばよいか困っている様子が把握できた。

　福岡さんの全体像がみえてきたため、ここで一度アセスメント情報としてまとめる作業を行うこととした（**様式1参照**）。

【Point〈アセスメントの視点③〉】

　アセスメントを整理する段階から、相談支援専門員としての解釈が始まっています。自分自身がどのように捉える傾向にあるのかを把握しておくことも重要です。また主訴（本人や家族の意思）と客観的事実、支援者の解釈や見立ては分けて整理していくことを忘れないようにしてください。

2 福岡さんの支援方針を考える ～情報の整理・分析とニーズ整理～

　これまでの情報を整理し終えた段階で、福岡さんのニーズと支援課題の検討を行うこととした。

　相談支援専門員はこれまで福岡さんが話してくれたさまざまな思いから、大きく三つの主訴があると仮定した。一つ目は現在の仕事に対して、二つ目は自分の趣味や余暇の過ごし方について、三つ目は緊急時のことについて、と整理し、それぞれに対し

てニーズの整理を行うこととした。そしてニーズ整理の過程では、福岡さんの苦手な部分だけでなく強みに視点をおくこと、そこから福岡さん自身が前向きになり主体的な生活を送ることができるような検討を心がけることとした。また、今回は、母の意向も汲み取った形でニーズ整理を行う必要があると考えたが、福岡さんの意向を大切にすることを心がけ、母の意向だけに偏らないようニーズ整理を行っていくことに留意した。

　ニーズ整理の結果、福岡さんはイメージすることや想像することに対しては苦手な一面もあるが、イメージがつきやすい方法で説明や伝達を行うことによって見通しをもつことができ、自分自身で判断をしたり考えていくことができるのではないかと考えた。そこで今回は支援課題を四つの柱で考え、そこから三つの方針を立てることとした（**様式2参照**）。

【Point〈ニーズ整理①〉】

　アセスメント同様、主訴と客観的事実、見立てを分けて整理していくことが重要です。本人の言葉から始まり、相談支援専門員としてどのように捉えた（解釈した）のかを言語化することで、本人像を明らかにしていくとともに、真のニーズを理解していくというケアマネジメントにおいて大切な工程となります。

　また、ニーズ整理は相談支援専門員という専門職の立場で取り組んでいくこととなり、答えがあるものではありません。ここでも相談支援の価値や基本的視点が求められています。

【Point〈ニーズ整理②〉】

　最初から完璧なアセスメントや見立てを行うことはできません。ケアマネジメントを進めていくうえでは、モニタリングを重ねるなかでアセスメントを積み重ねていくことが重要になります。「今ある情報からまずは方針を立てる」ということが大切ですが、その人らしさを忘れないようにしましょう。

---

3 福岡さんの生活の充実に向けて ～サービス等利用計画案の作成・サービス担当者会議の開催～

■ サービス等利用計画案の作成

　ニーズ整理を行ったことで支援課題と方向性の整理が行えたため、サービス等利用計画案を作成することとした。総合的な援助方針として、「本人が主体的に生活を送ることで今まで以上に充実した生活が送れるようになること」と、「今後の生活を検討するためのきっかけづくりを支援していくこと」を位置づけ、それぞれのニーズに

合わせた「支援目標」と、そのニーズを達成するための「福祉サービス等の担当者」「福岡さん自身の役割」について立案した。

> **【Point〈サービス等利用計画の作成①〉】**
> 　サービス等利用計画を立案するにあたってのポイントを意識しながら立案することが求められます。またフォーマルサービスだけでなく、インフォーマルサービスや地域に存在するさまざまな社会資源を活用しながらプランニングを行うイメージをもちましょう。

　サービス等利用計画案を作成するにあたって、「福岡さんが主役となれるプランニングを心がける」「関係機関と一緒に福岡さんの生活を応援していける計画にする」という点について注意しながら計画作成を行っていった。その結果、①さまざまな場面で役割をもつ機会を得られることと、②地域に存在する社会資源を活用すること、の2点をサービス等利用計画案のポイントとした。これまで当たり前にかかわりがあった家族や友人も「サービス等」に位置づけたことで、応援チームが一目でわかるようにしたとともに、地域のサークルを活用することで、今後地域のなかでかかわる人が増えることや、緊急時にも支えあえる体制づくりができないかと考え、今回の計画案を作成した（**様式3-1～3-4参照**）。

　作成したサービス等利用計画案を福岡さんと福岡さんの母に見せ、説明を行ったところ、福岡さん自身も「僕の計画うれしいな」「これからも頑張るよ」と納得してもらうことができた。そのため、福岡さんから署名をもらい行政担当課へ提出し、新たな支給決定を受けることができた。また、サービス等利用計画案の作成と並行し、短期入所事業所の見学調整や公民館で行われているサークルの見学等の同行を行った。

> **【Point〈サービス等利用計画の作成②〉】**
> 　サービス等利用計画はケアマネジメントを進めていくうえでのツールの一つです。相談支援の目的と基本的視点を押さえながら、その人らしい計画を立案することを意識するようにしましょう。

■ サービス担当者会議の開催

　行政担当課より新たな障害福祉サービス受給者証が発行されたため、福岡さんの支援に携わる支援者に集まってもらいサービス担当者会議を開催することとした。サービス担当者会議は自宅で開催する方向で検討していたが、自宅の間取りの問題で全員は入りきらなかったため、自宅以外で福岡さんが安心して参加できるよう就労継続支援B型事業所の会議室を借りて開催することとした。

【Point〈サービス担当者会議①〉】

　本人の生活や支援に関係する人に参加してもらう必要があります。障害福祉サービスの関係者だけでなく、本人を取り巻く環境の人々（学校の先生や企業担当者等）にも積極的に参加の声かけを行い、本人の支援の方針を共有することが大切になります。

　ケアマネジメントを展開していくうえで連携とチームアプローチは必要不可欠です。それぞれの機関が役割をもちながらかかわることが重要であり、サービス担当者会議は支援の方向性の共有と役割分担を確認するために開催されます。

　サービス担当者会議には、福岡さん、福岡さんの母と祖父、就労継続支援B型事業所のサービス管理責任者と生活支援員、行政の担当ケースワーカーと相談支援専門員が集まることができた。会議は自己紹介から始め、あらためて福岡さんの希望する暮らしやこれからやりたいことの確認から行った。福岡さんは緊張しながらも「お仕事頑張ります」「お買い物とかもっと行きたいです」「お母さんが病気になっても困らないようにしたいです」としっかりとした口調で話をしてくれた。その後、相談支援専門員にて立案したサービス等利用計画案について一通り説明を行い、支援に携わる人々の現在の支援状況と今後の方向性の共有を図った。

　参加者からは特に課題等はなく、また、相談支援専門員が立てたサービス等利用計画案の内容についても変更はなかったため、その場でサービス等利用計画（本計画）に署名をもらうことができた。また、当面のモニタリングは1か月ごとに行い、3か月に1度はサービス担当者会議を開催し支援状況の確認を行うこととした（**様式4-1～4-2参照**）。

【Point〈サービス担当者会議②〉】

　サービス担当者会議は、出席者全員が安心して参加できるような雰囲気づくりを行うことを意識しましょう。また円滑な会議を進めるうえで、事前の調整と次第の作成は必要不可欠になります。

4 新たな支援課題に向けて～モニタリングの実施～

■ モニタリング

　サービス担当者会議の終了後、見学の調整を行っていた自宅近くにある短期入所事業所の見学同行を行った。福岡さんは少し不安そうな様子がみられたが、事業所の職員が明るく話をしてくれたことや、大好きなおもちゃなどを持参できることがわかり

安心した様子であった。また、福岡さんの母も施設の雰囲気や居室の状態等を見ることでイメージが膨らんだ様子であった。

■ モニタリングにおけるサービス担当者会議の開催

　サービス担当者会議から3か月が経過したところで、福岡さんの支援者が再度集合し、モニタリングにおけるサービス担当者会議を開催した。相談支援専門員は、サービスの提供状況の聞き取りだけでなく、福岡さん自身が現在の生活に対して満足しているか、福岡さんの支援に携わる人々に困りごとはないかなどの確認を行うこととした。

> 【Point〈モニタリングの視点と留意点〉】
> 　モニタリングはサービス提供状況だけでなく、本人の満足度やゴールに向けて進んでいるかを把握することが重要です。また、モニタリングを通じてアセスメントが深まっていきます。サービス等利用計画自体の見直しや修正の必要性も検討しましょう。

　会議では、福岡さんがわかるような言葉を選びながら計画内容の確認を行い、それぞれの項目に沿った形で福岡さんの満足度を確認した。福岡さん自身は特に困っていることもなく仕事や日々の生活も充実していることが確認できた。また、それぞれの支援者が福岡さんの思いを大切にしつつ、「福岡さん自身の生活がさらに充実するために」という目標に向かってかかわっていることがわかり、大きく支援方針を修正する必要はないと考えた。

　一方で、短期入所については、緊急事態に備えた利用も含め具体的な調整を行うことが必要と考えたため、すでに見学をした短期入所事業所との利用契約を結び体験利用を行えるように調整を行った（**様式5参照**）。

5 まとめ

　第2章では、ケアマネジメントプロセスに沿って計画相談支援の一連の流れをみてきたが、相談支援の仕事は「サービス等利用計画づくり」ではなく、あくまでも「本人の生活を応援していくということ」をイメージできたと思う。そのなかでサービス等利用計画は、「本人の生活を応援するためのツールの一つである」ということをイメージできたのではないだろうか。

　今回の事例は一見問題や課題がみえにくく、現状の生活をくずさないように支援を展開する視点をもってしまいがちになると思われる。しかし相談支援の目的は、「安

定した生活を送る」ということだけではなく、「利用者のその人らしい暮らし」の応援であることは忘れてはならない。そのためには、ウィークネス（弱みや課題）のみに着目するのではなく、ストレングス（強み）へ着目した支援を展開することがとても大切になるだろう。

　本人の強みというと「○○ができる」「○○が得意」という行動に視点が行きがちだが、それらを活用することでどのように展開していくことが可能かという部分にまで思考を巡らせることが相談支援専門員にとって大切な視点となる。さらには周囲のかかわり方や評価の方法まで考えていくことも重要であり、これらがうまくマッチングすることで、本人の満足度につながっていくのではないだろうか。

　しかしこれらが最初から完璧にできる人はいない。インテークからアセスメント、さらにはモニタリングを繰り返すなかで、アセスメントの正確性と計画の質を高めていき、より本人のニーズに沿った支援を考えていくことが大切ということをあらためて伝えられたらと思う。

　また、計画相談支援ではモニタリング期間が設定されており、相談支援専門員はその頻度で本人や家族と会っていくことが基本になる。一方でサービス管理責任者や家族は日々本人とのかかわりをもっており、細かな変化をキャッチできる存在でもある。したがって、相談支援専門員と本人を支援する関係者は上下の関係ではなく、本人を支援していくチームの一員として並列の関係でいることが重要となる。

　また一方で、相談支援専門員には全体をみながら情報を整理していく力が求められるとともに、集めた情報を基に新たな支援の展開を検討していく想像力が必要なのではないだろうか。ケアマネジメントプロセスでは常に「アセスメント（情報の整理・分析）とニーズ整理（解釈と見立て）は繰り返されていく」ということを意識しながら、日々の業務や目の前の相談者と向き合っていっていただければと思う。

様式1	一次アセスメント票	作成者氏名	作成日
		相談支援専門員 H	○年○月○日

ふりがな	ふくおか　だいすけ	性別	住所	(〒○○○-○○○○)　D県B市○○＊-＊-＊-＊＊＊
通称	福岡　大介	男性		
生年月日	○年○月○日　19 歳		連絡先	090-＊＊＊＊-＊＊＊＊

本人の要望・希望する暮らし、困っていること・解決したいこと

「今の仕事は楽しいよ、リーダー頑張ってるんだ、これからも僕がやらないと」
「車のおもちゃ大好きです。お買い物とかもっと行きたいです」「お母さんが病気になったらどうしよう」

家族の要望・希望する暮らし、困っていること・解決したいこと

「今の生活はこれからも続けてもらいたいです」
「将来の生活とかを考えなくてはいけないけど、どうすればよいかわからない」

希望する1日の流れ

本人
平日
休日

```
  6     9    12    15    18    21    24    3
```

生活状況［普通の1日の流れ］

本人
平日　起床・朝食　｜就労継続支援B型｜　入浴・夕食　｜就寝｜
休日　起床・朝食　｜祖父母宅が中心｜　入浴・夕食　｜就寝｜

```
  6     9    12    15    18    21    24    3
```

〔その他の1日の生活の流れ〕　※いくつかの1日の生活があれば、別紙に記入
本人

```
  6     9    12    15    18    21    24    3
```

本人の概要　生活歴（病歴含む）

0	4	5	6	12	15	18
I県にて出生	B市に転居	病院にて知的障害の診断を受ける	E小学校特別支援学級入学	D県立特別支援学校中等部入学	D県立特別支援学校高等部入学	Cセンター（就労継続支援B型）開始

［ジェノグラム］

```
       ┌─────────────┐
       │ 71 ─── 70   │
       └──────┬──────┘
     ┌──×──  50
     □            │
          ┌───────┴───────┐
       ┌──────┐        ┌────┐
       │ □─25 │        │ 19 │
       └──────┘        └────┘
```

［エコマップ］

```
  親友のSくん      母
        \         |
          本人 ----- 姉
        / | \
  祖父母  |  就労継続支援B型
          |
     相談支援専門員
```

29

利用者の状況

項目	状況・意思			支援者の気づき	
	現状	本人の希望	本人の選好	記入者	記入者以外（専門的アセスメントを含む）

1 生活基盤・日常生活に関する領域

項目	現状	本人の希望	本人の選好	記入者	記入者以外（専門的アセスメントを含む）
住環境	アパート（2DK）に母と居住。祖父母宅が徒歩5分。	「お家にずっといたいな」		徒歩圏内に祖父母宅があり、安心感につながっている様子。	
経済環境	母の就労収入特別児童手当受給毎月1万5000円程度の工賃あり	「ジュースとかお菓子を買いたい」「おもちゃはいっぱい欲しい」		家庭の収入は問題ない様子。少額の小遣いであれば自己管理が可能と思われる。	

2 社会参加に関する領域（教育、就労を含む）

項目	現状	本人の希望	本人の選好	記入者	記入者以外（専門的アセスメントを含む）
趣味・旅行・レクリエーション	通所のバス車内から道行く車をいつも見ている。時々、祖母と一緒にショッピングモールへ出かけ、必要なものを買ってもらう。	「おもちゃ大好き」「お買い物とかもっと行きたい」	車のおもちゃで遊んでいるときは笑顔が多い。また実車を見て車種名を話す。		「昔はお姉ちゃんと3人で旅行にも行ったことがありました」（母）「車は小さい頃からよく遊んでいました。集めすぎるのも困るんですけど」（母）
当事者団体の活動	特に参加はしていない。				
自治会への参加	祖父母が中心に活動している。			家庭環境含め、近隣住民には理解は得られている様子。	
その他各種社会的活動	家族ぐるみの付き合いのある親友がいる。	「S君とたまに遊ぶんだ」			「Sさんと仲よしで、今でも会っています」（母）
就労	週5日間休まずに通所している。事業所では手工芸品等を作り販売しており、本人も役割として認識している。	「今の仕事は楽しいよ」「リーダー頑張ってるんだ、これからも僕がやらないと」		作業のなかでリーダーを任されていることで、意欲的に取り組んでいる様子。	「仕事も一生懸命で丁寧にやってくれていますよ。ほかの人の手伝いとかもしてくれていますし」（サービス管理責任者）

3 コミュニケーションや意思決定、社会生活技能に関する領域

項目	現状	本人の希望	本人の選好	記入者	記入者以外（専門的アセスメントを含む）
意思表明	2語文程度の発語はできる。意思が伝わらないと感情的になる。			新しいことに挑戦をしたり、いろいろなことに興味をもつことができる様子。	
意思決定	日常生活ではある程度行うことができる。			日常生活では本人が決めているが、大切なことは主に母が決めている。	
他者からの意思伝達の理解	ゆっくりと説明をすると理解ができる。		簡単な単語等で説明をすると反応を示す。	ゆっくりと本人のわかる単語で説明すれば、理解できる。	
コミュニケーションツールの使用（電話、FAX、パソコン、タブレット、インターネット）		「電話、使いすぎちゃったんです」			「昔はスマホをもたせてたんですけど、高額請求でいったんやめてるんです」（母）
対人関係	これまで大きなトラブルを起こしたことはない。事業所でも他者を気にかけている。			家族や事業所の職員以外とかかわる機会は少ない。	「昔から優しい性格です。困っている人とかがいると慰めたり声をかけることが多いですね」（母）

屋外移動やその手段（長距離、遠距離）	遠方等に出かけるときは、祖父の車で出かけることが多い。			「近場は一人でも行けます」（母）
金銭管理	主に母が管理している。	「いつもお小遣いでお菓子とか買ってます」	小銭を使用することは難しく、いつもお札を使用している。	

4　日常生活に関する領域

身辺のこと	生活上必要なことはおおむね自立している。			
調理	主に母が行っている。			
食事	油っぽいものが好き。	「ハンバーグとかお肉が大好き」	あるだけ食べてしまうため、栄養管理等は必要と思われる。	
入浴	単独で可能。			
清掃・整理整頓	自室は整理されている。	「おもちゃとかちゃんと片づけています」	大切なものは『宝箱』に保管している様子。	
洗濯	自分でやったことはない。			
書類整理・事務手続き		「書類とか難しいのは苦手」		
買い物	嗜好品やおもちゃなどは購入することができる。			

5　健康に関する領域

体力	身長は160cm程度体重は平均値程度			
健康状態	これまで大きな病気にかかったことはない。			「健康診断の結果は特に問題はありません」（内科医）
医療機関利用状況	定期通院はない。			
医療費・健康保険				
障害	療育手帳Bあり。		こだわり等はみられない。	

6　家族支援に関する領域

母	フルタイムパートにて勤務中。時々週末の出勤もある。	「お母さん大好き」「お母さんが病気になったらどうしよう」		「将来の生活とかを考えなくてはいけないけど、どうすればよいかわからない」（母）
姉	結婚し他県にて生活中。遠方に暮らしているため日常的な支援は難しい。			
祖父母	自宅から徒歩5分の所で生活中。祖父は地域の役員をしている。	「じいちゃんのお手伝い好き」	本人の特性を理解しているため、本人も安心して遊びに行くことができている。	

対応者所見のまとめ

中度の知的障害があるものの、自分の思いは伝えることができている。今の生活は、祖父母の協力もあり大きな課題はうかがえないが、少しずつ将来の生活をイメージする機会も必要と思われる。しかし本人の思いや母の考えもあるため、少しずつ将来に向けたイメージづくりをしていくようにしたい。

ニーズ整理票

インテーク			アセスメント
情報の整理 (見たこと、聴いたこと、データなど：事実)			理解・解釈・仮説 (作成者の捉えかた、解釈・推測)

本人の表明している希望・解決したい課題	(作成者の) おさえておきたい情報		理解・解釈・仮説
● 「今の仕事は楽しいよ」 ● 「リーダー頑張ってるんだ、これからも僕がやらないと」 ● 「車のおもちゃ大好きです」 ● 「お買い物とかもっと行きたいです」 ● 「S君とたまに遊ぶんだ」 ● 「お家にずっといたいな」 ● 「お母さんが病気になったらどうしよう」 ● 「将来の生活とかを考えなくてはいけないけど、どうすればよいかわからない」(母)	● ゆっくりと説明をすると理解ができる。 ● 週5日間休まずに通所している。 ● 事業所では手工芸品等を作り販売している。 ● 本人は作業内容を役割として認識。 ● これまで大きなトラブルを起こしたことはない。 ● 事業所でも他者を気にかけている。 ● 昔から優しい性格。 ● 困っている人などがいると慰めたり声をかける。 ● 家族や事業所の職員以外とかかわる機会は少ない。 ● 車のおもちゃで遊んでいるときは笑顔が多い。 ● 実車を見て車種名を話す。 ● 自分の好きなことをしているときは笑顔がみられる。 ● 自分の意思が通らないときは不機嫌。 ● 簡単な意思表出はできる。 ● 幼少期に両親が離婚。 ● その後は母と祖父母が支援の中心。 ● 母から離れた生活はしたことがない。 ● 土日は祖父母と一緒に過ごす。 ● 祖父の手伝いが好き。 ● 祖母と定期的に買い物に出かけている。	本人	【生物的なこと】 ● 一つずつ丁寧に説明をすることで、イメージをしたり見通しをもつことができるのではないか。 ● 温厚な性格で、新しい人とも比較的短時間で打ち解けることができるのではないか。 ● 知的障害はあるものの、日常的なことについてはゆっくりと覚えていくことができるのではないか。 【心理的なこと】 ● これまで母との生活を離れたことがなく具体的な体験もしたことがないため、漠然とした不安を抱いているのではないか。 ● 自分の趣味等に取り組むことで、気分転換にもつながっているのではないか。 【社会性・対人関係の特徴】 ● 社会経験をする機会が少なくイメージが沸かないことで、生活環境が広がらないのではないか。 ● 生活場所だけでなく、余暇支援等も含めて検討することで、生活全体のイメージが膨らんでいくのではないか。 ● わかりやすく説明をすれば、少額の金銭管理(お小遣い程度)ができるのではないか。 ● S君の存在は、本人の心の拠り所になっているのではないか。
		環境	● これまで本人へいろいろな経験を働きかける余裕がなかったのではないか。 ● 母は、将来の生活をイメージする必要性は感じているものの、どのように取り組めばよいのかわからないのではないか。 ● 現時点では祖父母の協力は得られているが、徐々に体力的にも厳しくなるのではないか。 ● 地域住民との積極的なかかわりの機会はないが、祖父が役員を務めていることで、必要時には協力を得られるのではないか。

今回大づかみに捉えた本人像 (100 文字程度で要約する)
「僕はお母さんが大好きなんだ。それに仕事とかも頑張っているし、休みの日も家族のみんなと遊んだりしてるから今し不安だな」

出典：近藤直司『医療・保健・福祉・心理専門職のためのアセスメント技術を高めるハンドブック　第2版──

| | | プランニング |
理解・解釈・仮説② （専門的アセスメントや他者の 解釈・推測）	支援課題 （支援が必要と作成者が 思うこと）	対応・方針 （作成者がやろうと思うこと）
	● 今の生活を継続しつつ、緊急時の生活を少しずつ具体化していくためのイメージづくりの実施。 ● 日中の生活方法を維持しながら、主体的に取り組めるためのアプローチ方法の検討。 ● 休日の過ごし方や、生活上でかかわる人を増やしていくための方法の検討（ただし家族の気持ちも考慮しながら進めていく必要がある）。 ● さまざまな経験をしていくための方法を検討。	● 現在の事業所の利用を継続しつつ、役割として取り組める内容を考えていく。 ↓ ＜ニーズ＞ 「リーダーとしてこれからも頑張って仕事していきたい」 ● 緊急時の生活に向け、少しずつかかわる人を増やしていく方法の検討。 ↓ ＜ニーズ＞ 「お母さんは大好きだけど、病気になったときに困らないようにしたい」（本人） 「将来の生活とかを考えなくてはいけないけど、どうすればよいかわからない」（母） ● 趣味活動や休日の過ごし方を考えていく。 ● 社会参加の機会を確保していく。 ↓ ＜ニーズ＞ 「お買い物とかにもっと行きたい」（本人）

は特に困ってはないよ。でも将来お母さんが病気になったりしたときはどうしよう。今までお母さんと離れたことない

ケースレポートの方法からケース検討会議の技術まで』明石書店、42頁、2015.　を一部改変により作成

サービス等利用計画案・障害児支援利用計画案

利用者氏名（児童氏名）	福岡　大介　様	障害支援区分	
障害福祉サービス受給者証番号		利用者負担上限額	
地域相談支援受給者証番号		通所受給者証番号	

計画案作成日	令和元年９月６日	モニタリング期間（開始年月）	

利用者及びその家族の生活に対する意向（希望する生活）	今の仕事は楽しいよ、リーダー頑張ってるんだ、これからも僕がやらないと。今の生活はこれからも続けてもらいたいです。将来の生活とかを考えなくては
総合的な援助の方針	現在の生活をより充実していくための支援体制を検討するとともに、これから
長期目標	家族から離れた生活を体験していきながら、これからの生活を少しずつイメー
短期目標	生活のなかでさまざまな役割をもつことで、主体的な生活が送れるようになる。

優先順位	解決すべき課題（本人のニーズ）	支援目標	達成時期
1	「リーダーとしてこれからも頑張って仕事していきたい」（本人）	さまざまな生活場所で役割をもった生活が送れるようになる。	12か月
2	「お母さんは大好きだけど、病気になったときに困らないようにしたい」（本人）「将来の生活とかを考えなくてはいけないけど、どうすればよいかわからない」（母）	新たな経験を通じて、人とのかかわりを増やすとともに、さまざまな生活イメージをもてるようになる。	12か月
3	「お買い物とかにもっと行きたい」（本人）	金銭管理や社会参加の機会を確保することで、少しずつ生活範囲や本人の興味関心を広げていけるようになる。	6か月

区分4	相談支援事業者名	相談支援センターG
0円	計画作成担当者	相談支援専門員H

当初3か月は毎月（令和元年10月から）その後3か月ごと	利用者同意署名欄	福岡　大介

車のおもちゃ大好きです。お買い物とかもっと行きたいです。お母さんが病気になったらどうしよう。いけないけど、どうすればよいかわからない。（母）

の生活に対して不安を軽減できるようになるためのアプローチを検討する。

ジできるようになる。

福祉サービス等 種類・内容・量（頻度・時間）	課題解決のための 本人の役割	評価 時期	その他留意事項
●就労継続支援B型 　当該日数から8日を控除した日数 ●家族（主に母）	仕事のリーダーは頑張って続ける。 家の手伝いを少しずつやってみる。	3か月	複雑な工程でなければ、ゆっくりと説明をすることで覚えることができる。
●短期入所 　5日間／月 ●相談支援事業 　本人や家族のペースに合わせて見学や体験利用の調整を行う	相談員やお母さんと相談をしながら、少しずつ宿泊の体験をしてみる。	6か月	
●家族（母・祖父母） 　定期的な買い物に出かける ●S君とその家族 　家族と一緒に出かけたり遊んだりする ●移動支援 　10時間／月 ●相談支援事業 　お金の使い方の練習・確認 　本人や家族のペースに合わせた事業所調整 ●地域のサークル活動	いつもの買い物は続ける。 買い物のときにお金の支払いなどをやってみて、感想を伝える。 少しずつ新しいことに挑戦してみる。	3か月	

サービス等利用計画案・障害児支援利用計画案【週間計画表】

利用者氏名（児童氏名）	福岡　大介　様	障害支援区分	
障害福祉サービス受給者証番号		利用者負担上限額	
地域相談支援受給者証番号		通所受給者証番号	

計画開始年月	令和元年９月６日

	月	火	水	木
6：00				
8：00				
10：00				
12：00	就労継続支援 B 型	就労継続支援 B 型	就労継続支援 B 型	就労継続支援 B 型
14：00				
16：00				
18：00				
20：00				
22：00				
0：00				
2：00				
4：00				

サービス提供によって実現する生活の全体像	日中活動の場を利用することで、他利用者とのコミュニケーションを図る機会を得るとともに、役割を 緊急性は高くないが、短期入所事業所等の見学を通じて、生活イメージをもてるきっかけづくりにする。 これまでは主に家族が支援の中心であったが、少しずつほかの支援者がかかわっていくことで突発的に課

区分4	相談支援事業者名	相談支援センターG
0円	計画作成担当者	相談支援専門員H

金	土	日・祝	主な日常生活上の活動
			● 就労継続支援B型 ● 当該日数から8日を控除した日数
就労継続支援B型			

			週単位以外のサービス
			● 短期入所 　5日間／月 ● 移動支援 　10時間／月 ● 地域のサークル

もった生活を送れるようになる。
また、本人が希望をすれば体験的に利用等を行っていくことで、具体的なイメージづくりにつなげていくことができる。
題が発生した場合でもかかわる人がいる体制を整えていく。

申請者の現状（基本情報）

作成日	令和元年 9 月 6 日	相談支援事業者名	相談支援センター G	計画作成担当者	相談支援専門員 H

1. 概要（支援経過・現状と課題等）

【支援経過】
18 歳で特別支援学校を卒業し、就労継続支援 B 型事業所の利用を開始。利用当初からほかの利用者や職員とも仲よく過ごせており、作業にも黙々と取り組む姿がみられている。
今年 2 月、障害福祉担当課より「障害福祉サービスの利用対象者であるためサービス等利用計画を作成してほしい」と相談支援事業所に依頼があり、かかわりが始まる。
【現状と課題】
現在母親と二人暮らし。近隣に祖父母が住んでおり、日常的な支援の協力は得られている。就労継続支援 B 型以外に短期入所の支給を受けているものの、事業所の情報が不足していたり、母親自身も緊急的に利用する必要性を感じていないため利用には至っていない。しかし将来的には祖父母の協力を得ることも難しくなり、少しずつでもこれからの生活のイメージづくりは必要になると思われる。本人は新しいこと へ挑戦したりすることに対して拒否的ではないが、家族の意向も踏まえつつ今後の支援を検討していくことが望ましいと思われる。

2. 利用者の状況

氏名	福岡 大介 様	生年月日	○年○月○日	年齢	19 歳
住所	D 県 B 市○○＊-＊-＊-＊＊＊			電話番号	090-＊＊＊＊-＊＊＊＊
	[持家・借家／グループ／ケアホーム・入所施設・医療機関・その他（　　）]			FAX 番号	
障害または疾患名	知的障害（療育手帳 B）	障害支援区分	区分 4	性別	男・女

家族構成　※年齢、職業、主たる介護者等を記入	社会関係図　※本人とかかわりをもつ機関・人物等（役割）
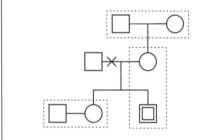	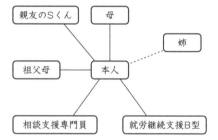

生活歴　※受診歴等含む	医療の状況 ※受診科目、頻度、主治医、疾患名、服薬状況等
I 県にて出生。 4 歳のときに両親が離婚し D 県 B 市に転居をする。 幼少期の頃から言葉数が少なく一人で遊ぶことが多かった。5 歳の頃、保育所の先生から発育が遅いため療育機関に掛かってみてはどうかと言われ、受診したところ知的障害の診断を受ける。 小学校は特別支援学級に通学、本人のレベルに合わせた授業が行われていたが、担任の先生が変わったことへのストレスから休むこともあった。 中等部から特別支援学校へ進学（主治医や就学支援委員会の判断にて）。作業班に所属し、創作活動等を黙々と行うことを好んでいた。一方運動会では毎年応援団に立候補し、応援団長を務めた経験もある。 18 歳の頃、高等部を卒業し C センター（就労継続支援 B 型事業所）の利用を開始。	定期的に通院している病院はない。 日常的にかかる病院は、自宅近くの内科医院になっている。

本人の主訴（意向・希望）	家族の主訴（意向・希望）
今の仕事は楽しいよ、リーダー頑張ってるんだ、これからも僕がやらないと。 車のおもちゃ大好きです。お買い物とかもっと行きたいです。 お母さんが病気になったらどうしよう。	今の生活はこれからも続けてもらいたい。 将来の生活とかを考えなくてはいけないけど、どうすればよいかわからない。

3. 支援の状況

	名称	提供機関・提供者	支援内容	頻度	備考
公的支援（障害福祉サービス、介護保険等）	就労継続支援 B 型	C センター	日中活動および各種作業の提供	週 5 日	※イベント等によっては土曜日に通所することもある
	短期入所	事業所未定			
その他の支援	医療費助成制度 特別児童扶養手当				今後障害年金の受給対象となる可能性あり

様式 3-4

申請者の現状（基本情報）[現在の生活]

利用者氏名	福岡　大介　様	障害支援区分	区分 4	相談支援事業者名	相談支援センター G
				計画作成担当者	相談支援専門員 H

	月	火	水	木	金	土	日・祝	主な日常生活上の活動
6:00	起床・朝食	起床・朝食	起床・朝食	起床・朝食	起床・朝食			● 平日は就労継続支援 B 型事業所を利用し、作業等を実施している。
8:00	身支度	身支度	身支度	身支度	身支度	起床・朝食	起床・朝食	● 週末は自宅でおもちゃで遊んだり、祖父母宅で農作業を手伝ったりしながら過ごしている。
10:00								
12:00	就労継続支援 B 型	就労継続支援 B 型	就労継続支援 B 型	就労継続支援 B 型	就労継続支援 B 型	自宅や祖父母宅で過ごす	自宅や祖父母宅で過ごす	
14:00								
16:00	自宅や祖父母宅で過ごす	自宅や祖父母宅で過ごす	自宅や祖父母宅で過ごす	自宅や祖父母宅で過ごす	自宅や祖父母宅で過ごす			週単位以外のサービス
18:00						自宅や祖父母宅で過ごす	自宅や祖父母宅で過ごす	● 頻繁ではないものの、祖父母と一緒に買い物に出かけることもある。
20:00	夕食・入浴	夕食・入浴	夕食・入浴	夕食・入浴	夕食・入浴	夕食・入浴	夕食・入浴	
22:00	就寝	就寝	就寝	就寝	就寝	就寝	就寝	
0:00								
2:00								
4:00								

様式 4-1 　サービス等利用計画・障害児支援利用計画

利用者氏名（児童氏名）	福岡　大介　様	障害支援区分	
障害福祉サービス受給者証番号		利用者負担上限額	
地域相談支援受給者証番号		通所受給者証番号	

計画作成日	令和元年10月1日	モニタリング期間（開始年月）	

利用者及びその家族の生活に対する意向（希望する生活）	今の仕事は楽しいよ、リーダー頑張ってるんだ、これからも僕がやらないと。今の生活はこれからも続けてもらいたいです。将来の生活とかを考えなくては
総合的な援助の方針	現在の生活をより充実していくための支援体制を検討するとともに、これから
長期目標	家族から離れた生活を体験していきながら、これからの生活を少しずつイメー
短期目標	生活のなかでさまざまな役割をもつことで、主体的な生活が送れるようになる。

優先順位	解決すべき課題（本人のニーズ）	支援目標	達成時期
1	「リーダーとしてこれからも頑張って仕事していきたい」（本人）	さまざまな生活場所で役割をもった生活が送れるようになる。	12か月
2	「お母さんは大好きだけど、病気になったときに困らないようにしたい」（本人）「将来の生活とかを考えなくてはいけないけど、どうすればよいかわからない」（母）	新たな経験を通じて、人とのかかわりを増やすとともに、さまざまな生活イメージをもてるようになる。	12か月
3	「お買い物とかにもっと行きたい」（本人）	金銭管理や社会参加の機会を確保することで、少しずつ生活範囲や本人の興味関心を広げていけるようになる。	6か月

区分4	相談支援事業者名	相談支援センターG
0円	計画作成担当者	相談支援専門員H

当初3か月は毎月（令和元年10月から）その後3か月ごと	利用者同意署名欄	福岡　大介

車のおもちゃ大好きです。お買い物とかもっと行きたいです。お母さんが病気になったらどうしよう。いけないけど、どうすればよいかわからない。（母）

の生活に対して不安を軽減できるようになるためのアプローチを検討する。

ジできるようになる。

福祉サービス等		課題解決のための本人の役割	評価時期	その他留意事項
種類・内容・量（頻度・時間）	提供事業者名（担当者名・電話）			
就労継続支援B型　当該日数から8日を控除した日数　家族（主に母）	Cセンターサービス管理責任者F　Tel：＊＊＊-＊＊＊-＊＊＊＊	仕事のリーダーは頑張って続ける。家の手伝いを少しずつやってみる。	3か月	複雑な工程でなければ、ゆっくりと説明をすることで覚えることができる。
短期入所　5日間／月　相談支援事業　本人や家族のペースに合わせて見学や体験利用の調整を行う	短期入所調整中　相談支援センターG　相談支援専門員H	相談員やお母さんと相談をしながら、少しずつ宿泊の体験をしてみる。	6か月	
家族　定期的な買い物に出かける　S君とその家族　家族と一緒に出かけたり遊んだりする　移動支援　10時間／月　相談支援事業　お金の使い方の練習・確認　本人や家族のペースにあわせた事業所調整　地域のサークル活動	母祖父母　事業所調整中　相談支援センターG　相談支援専門員H	いつもの買い物は続ける。買い物のときにお金の支払いなどをやってみて、感想を伝える。少しずつ新しいことに挑戦してみる。	3か月	

サービス等利用計画・障害児支援利用計画【週間計画表】

利用者氏名（児童氏名）	福岡　大介　様	障害支援区分	
障害福祉サービス受給者証番号		利用者負担上限額	
地域相談支援受給者証番号		通所受給者証番号	

計画開始年月	令和元年 10 月 1 日

	月	火	水	木
6：00				
8：00				
10：00				
12：00	C センター 9：00〜16：00 就労継続支援 B 型	C センター 9：00〜16：00 就労継続支援 B 型	C センター 9：00〜16：00 就労継続支援 B 型	C センター 9：00〜16：00 就労継続支援 B 型
14：00				
16：00				
18：00				
20：00				
22：00				
0：00				
2：00				
4：00				

サービス提供によって実現する生活の全体像	日中活動の場を利用することで、他利用者とのコミュニケーションを図る機会を得るとともに役割をもっ 緊急性は高くないが、短期入所事業所等の見学を通じて、生活イメージをもてるきっかけづくりにする。 これまでは主に家族が支援の中心であったが、少しずつほかの支援者がかかわっていくことで突発的に課

区分 4	相談支援事業者名	相談支援センター G
0 円	計画作成担当者	相談支援専門員 H

金	土	日・祝	主な日常生活上の活動
			●C センター 就労継続支援 B 型 当該日数から 8 日を控除した日数
C センター 9：00〜16：00 就労継続支援 B 型			
			週単位以外のサービス
			● 事業所調整中 短期入所 5 日間／月 ● 移動支援 10 時間／月 ● 地域のサークル

た生活を送れるようになる。
また本人が希望をすれば体験的に利用等を行っていくことで、具体的なイメージづくりにつなげていくことができる。
題が発生した場合でもかかわる人がいる体制を整えていく。

モニタリング報告書（継続サービス利用支援・継続障害児支援

利用者氏名（児童氏名）	福岡　大介　様		障害支援区分	
障害福祉サービス受給者証番号			利用者負担上限額	
地域相談支援受給者証番号			通所受給者証番号	

計画作成日	令和元年 10 月 1 日	モニタリング実施日	

総合的な援助の方針
現在の生活をより充実していくための支援体制を検討するとともに、これからの生活に対して不安を軽減できるようになるためのアプローチを検討する。

優先順位	支援目標	達成時期	サービス提供状況 （事業者からの聞き取り）	本人の感想・満足度
1	さまざまな生活場所で役割をもった生活が送れるようになる。	12 か月	＜サービス管理責任者 F＞ 「最近は新たな作業（袋詰や値付け等）に取り組んでもらっていて、とても意欲的に作業に取り組んでいます。福岡さんは役割があるだけでなく、評価につながることでさらにやる気につながるんですよね」 ＜母＞ 「なかなか家での手伝いって難しいんですよね」	「お仕事頑張ってるよ」「新しいお仕事もやってるんだ」「お家でもお手伝い頑張っているよ！」
2	新たな経験を通じて、人とのかかわりを増やすとともに、さまざまな生活イメージをもてるようになる。	12 か月	＜母＞ 「先日見学に行きましたがとても雰囲気がよく安心しました。先日義兄親族に不幸があり、急遽おじいちゃんたちに見ててもらったんです。本格的に考えていかないといけないとあらためて思いました」	「このまえ見に行ったよ。怖くなかったね」「車のおもちゃ持ってきていいって」
3	金銭管理や社会参加の機会を確保することで、少しずつ生活範囲や本人の興味関心を広げていけるようになる。	6 か月	＜相談支援専門員 H＞ スーパーへの同行を行ったが、お店までの道順や店内の位置関係は理解できていた。 ＜母・祖母＞ 「小銭は払えないですがお札で支払ってもらうようにしています。最近では買い物に行くときに「お財布持つよ！」と自分から言ってくれるようになりました」 ＜祖父＞ 「この前自治会行事に一緒に行ってきましたよ。自治会長にも挨拶していました」	「お買い物楽しいよ。一人でも行けるんだもんね」「おじいちゃんと集会行ったよ、また来てねだって」

利用援助)

区分4	相談支援事業者名	相談支援センターG
0円	計画作成担当者	相談支援専門員H

令和元年12月10日	利用者同意署名欄	福岡　大介

全体の状況

生活全般に大きな課題は抱えていなく、就労継続支援B型の利用についても特に問題なく過ごせている。また関係者全員が「福岡さんの生活がさらによくなるために」という思いでかかわっていることで、少しずつではあるが社会参加の機会も増えてきて福岡さん自身で取り組めることも増えてきているようである。今後は短期入所の利用に向けて調整を行っていき、緊急時に備えていきたい。

支援目標の達成度 （ニーズの充足度）	今後の課題・ 解決方法	計画変更の必要性			その他留意事項
		サービス 種類の変更	サービス 量の変更	週間計画 の変更	
個別支援計画にも反映されており、本人の満足度も高まっている様子。 就労継続支援B型事業所の取り組みを自宅でも取り入れられるとよいかもしれない。	継続	無	無	無	
これまでは利用する必要性は高くなかったものの、短期入所の利用を本格的に検討していくことで、緊急事態に備えていく必要があると感じた。	支援目標に変更はないが、今回の家族の事情をきっかけに、体験利用に向けた具体的な調整を行っていくこととしたい。	無	無	無	
金銭の支払い方法など家族のなかで工夫して取り組むことができており、一人で買い物ができるという自信にもつながっている様子。さまざまな社会参加の機会が増えていくことで、興味が広がっていくのではないかと思う。	移動支援の利用は見合わせたい。 家族や地域の協力によって新たな社会参加のきっかけを掴むことができそうであるため様子をみていきたい。	無	無	無	

さまざまなケースにおける
実践事例

事例

1

▶ 「親亡きあと」の支援

一人になった智子さんがどこでどのように暮らしていくのか考える

■ 埼玉智子さんと相談支援専門員とのかかわり

本人・家族											
	両親が介護支援専門員に相談	父急死	母入院		突然の単身生活		母死去	自宅での生活希望（一方で不安も）	グループホームの見学・体験	生活介護事業所の見学	グループホームが本人の居場所に

56歳 ——————————————————————————— 57歳

相談支援専門員											
	A市のCWが自宅訪問	相談支援専門員がCWに同席訪問			サービス等利用計画作成		相談支援専門員の訪問回数増加	グループホームの利用提案		サービス等利用計画修正	

1 相談支援専門員がかかわるまでの本人の暮らし

　A市にて出生。小学校～中学校までは公立の学校に通う。その後、私立の女子高に入学。高校3年時より体調が悪くなる。時々、会話のまとまりがなかったり、「死にたい」と口にしたりするようになった。高校卒業後、絵画の専門学校に1年間通う。絵を描くことを仕事にしたいと思ったが、親に絵では将来食べていけないと反対されたため、音楽機器の製造メーカーに就職し、約10年間勤務した。その間3年ほど一人暮らしもした。30歳になり体調が悪化し、退職する。両親に連れられて精神科を受診すると、統合失調症と診断を受け、すぐに3か月ほど入院となった。その後10年間で3回ほど入退院を繰り返す。調子のよいときは料理の教室に通ったりスポーツクラブに通ったりしたこともあるが、いずれも短期間で行かなくなってしまった。働いていた頃は友人もいたが、退職してから付き合いはない。41歳になり、母の勧めで保健所のソーシャルクラブ（地域デイケア）と出会い楽しく通ったが、51歳の頃にソーシャルクラブが終了してしまい、家にこもるようになった。54歳で大

48

学病院へ再入院した。退院時に訪問看護を導入したが、服薬しなかったため妄想が強くなり、訪問を拒否し、2回で中断となった。

　家族関係は、とても良好だったようで、本人は、両親と3人で出かけたり、母と一緒にデパートへ洋服を買いに行ったりすることが好きだった。両親が高齢になってからは3人で近くのスーパーに買い物に行き、本人が重い荷物を持っていた。お金にはあまり困ることはなかったようである。両親が健康な頃は、親戚付き合いもよくしており、今でも交流が続いている。母は、家のことをしっかりと行い、元新聞社勤めの社交的な父が近所付き合いをよくしていた。ただ、本人が病気であることは伏せており、父が病気がちになってからは近所付き合いは希薄になっていた。

　56歳のときに、両親の介護支援専門員からA市障害福祉課のケースワーカー（以下、CW）に連絡が入り、自宅を訪問することとなった。

2　相談支援専門員と出会うきっかけ（支援の始まり）

　智子さんの両親が、「私たちは高齢だから、自分の子をそのままにして死ねない。これからどうしたらよいだろうか」と自身の介護支援専門員に相談した。その後、介護支援専門員がA市障害福祉課に相談し、CWが自宅を訪問した。CWの初回訪問時、本人は部屋にこもり姿を見せようとしなかった。数回訪問するなかで、何とかコミュニケーションがとれる状態になった。CWが少しずつ生活状況を確認し、本人や両親から話を聞いた。CWより相談支援事業所に「今後の支援を考えるうえで一緒にかかわってほしい」と依頼が入った。CW訪問に慣れた頃、相談支援専門員同席の訪問日を設定し、自宅を訪問した。相談支援専門員は最初から顔を合わせることができたが、本人はちょっと離れた場所で、新しく来た人を警戒するような様子で座っていた。表情はやや険しく、聞いたことには単語で「はい・いいえ」で答えるだけであった。自分の腕や足を「パンパン！」とかなり強い力で叩きながら、「注射はしない？」と何度も聞いていた。話が長くなってくると表情が険しくなり、体を叩くことも増えてきたため、初回訪問は短時間の自己紹介と顔合わせで終了した。

　同席した父は、体調が悪い様子でほとんど何も話さず、受け答えは主に母がした。「部屋の掃除をしてほしいって言っても続かないんですよ。それに、前みたいに出かけられればいいと思うんですけど…。ずっと家にいてこの先が心配です」と、母は何とかしたほうがよいと思っているけれど、どうしてよいかわからない、という様子であった。長期間、他者とかかわっていなかったため、家族以外の人と会うことが本人にとっては負荷が大きい。両親はずっといるものと思い、他者と会う必要性も感じていない様子だった。

3 支援の経過

　相談支援専門員は、まず本人との関係を構築しながら本人がどのような人か、また生活力がどれくらいあるのかを知ることとした。まずは、服薬が不定期だったため、関係を構築したのち、訪問看護の利用の再導入を検討した。しかし、初回訪問の後すぐに、父が急死した。落ち着いた頃に再びCWと訪問すると、母の体調がかなり悪そうであった。母は本人を一人にはできないと入院を拒否したが、相談支援専門員は、本人の生活を支援機関で協力してサポートしていくことを母に説明し、入院することとなった。入院時、本人は戸惑ってはいたが、取り乱すことはなかった。しかし、突然のことで、状況を整理できていないようにもみえた。「家事は何とか一人でもできそう」と言っていた。突然の単身生活になったため、主治医とも相談し、訪問看護の利用を調整した。訪問看護事業所を選ぶにあたっては、以前訪問看護への拒否があったため、服薬や症状を確認するだけでなく、本人の生活状況にも対応する事業所を検討した。また、ホームヘルパーの利用も調整し、家事援助を中心に本人が苦手な掃除や洗濯を依頼することにした。訪問看護やホームヘルプサービスを利用するにあたっては、サービス等利用計画を作成した。支援が続くなかで、急に支援者が増えることになったが、本人は「（相談支援専門員の）○○さんが連れてくる人ならいいかな…」と、受け入れには抵抗を示さなかった。支援者はみんなで本人の生活全体をみるようにし、些細なことも相談支援専門員に連絡をする体制にした。本人は家に出入りする人を「自分の生活を助けてくれる人たち」と捉え、人が来るとお茶を出してくれるようになった。礼儀正しくユーモアがあり、人に可愛がられるような人柄が表に出て、「一人だから、来てくれるのがうれしい」と言うようになった。

　その矢先、母が病院にて亡くなった。葬儀や役所の手続きなどは、他県に住む本人の従妹が行い、ここから必要時は従妹と支援機関がやり取りするようになった。相談支援専門員の訪問回数を一時的に増やすなど支援体制を厚くしながら在宅支援を継続したが、精神的に落ち着かなくなることがしばしば出てきた。苦情が入るほどの大きな声で独り言を言ったり、警察や救急に電話したりすることもあった。医療と連携をし、服薬調整を行いながら、CWと相談支援専門員で、本人の落ち着かない気持ちに共感し、本人と振り返りの時間をもった。

一次アセスメント票
（情報の整理票）

	作成者氏名	作成日
	○○○○	○年○月○日

ふりがな	さいたま　ともこ	性別	住所	（〒○○○－○○○○）
氏名	埼玉　智子	女性		○○○○○○○○○
生年月日	○年○月○日　57歳		連絡先	090-＊＊＊＊-＊＊＊＊

本人の要望・希望する暮らし、困っていること・解決したいこと

「一人で暮らすのは寂しいので誰かと一緒に住みたい、手作りの食事を食べたい」「一人でいろいろなことをしなくちゃならないのは大変。一緒にやってもらいたい」「もっと買い物したり美味しいものを食べたりしたい」「パッチワークもやってみたいし、また絵を描いたりお菓子作りをしたりしたい」

家族の要望・希望する暮らし、困っていること・解決したいこと

（従妹）「本人が安心して暮らせればよいと思う」「前のように好きな絵を描いたりして楽しみのある生活を送ってほしい」「遠いのでなかなか行ってあげられなくてすみません」

希望する1日の流れ

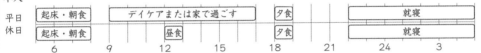

本人

| 平日 | 起床・朝食 | 通所や趣味など | 夕食 | 入浴 | 就寝 |
| 休日 | 起床・朝食 | 外出や趣味など | 夕食 | 入浴 | 就寝 |

6　9　12　15　18　21　24　3

生活状況［普通の1日の流れ］

本人

| 平日 | 起床・朝食 | デイケアまたは家で過ごす | 夕食 | 就寝 |
| 休日 | 起床・朝食 | 昼食 | 夕食 | 就寝 |

6　9　12　15　18　21　24　3

〔その他の1日の生活の流れ〕　※いくつかの1日の生活があれば、別紙に記入

本人

6　9　12　15　18　21　24　3

本人の概要

生活歴（病歴含む）

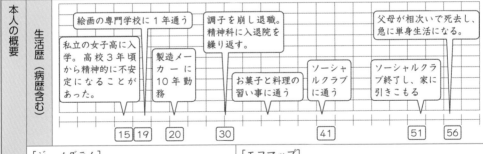

- 私立の女子高に入学。高校3年頃から精神的に不安定になることがあった。〔15〕〔19〕
- 絵画の専門学校に1年通う〔19〕
- 製造メーカーに10年勤務〔20〕
- 調子を崩し退職。精神科に入退院を繰り返す。〔30〕
- お菓子と料理の習い事に通う
- ソーシャルクラブに通う〔41〕
- 父母が相次いで死去し、急に単身生活になる。
- ソーシャルクラブ終了し、家に引きこもる〔51〕〔56〕

[ジェノグラム]

[エコマップ]

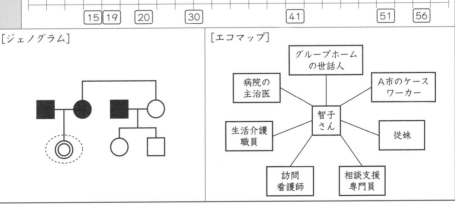

- グループホームの世話人
- 病院の主治医
- A市のケースワーカー
- 生活介護職員
- 智子さん
- 従妹
- 訪問看護師
- 相談支援専門員

利用者の状況

項目	状況・意思			支援者の気づき	
	現状	本人の希望	本人の選好	記入者	記入者以外 （専門的アセスメント を含む）

1　生活基盤・日常生活に関する領域

項目	現状	本人の希望	本人の選好	記入者	記入者以外
住環境	両親と暮らしていた一軒家で単身生活をしている。坂の中腹にあり、スーパーまで徒歩で30分くらいかかる。電車の駅も離れている。	「一人では寂しいし不安なので誰かと一緒に暮らしたい」	「住み慣れた実家は過ごしやすいけれど、一人でいるより誰かと一緒に暮らしたい」	広い一軒家のため、大きな声を出しても アパートよりはいいが、あまりに大きな声で叫んでいたときは隣家から苦情が入った。交通の便が悪く、スーパーも遠いことも本人の行動範囲を狭めている要因。	
経済環境	障害厚生年金受給＋貯金で生活している。1か月の予算より使い過ぎてしまうことがある。	「もっとお金が欲しい」「買いたいものがたくさんあるので…」	買い物が好き。以前は母ともデパートによく行っていた。食べ物も高級なものを好む。	貯金がなくなったら生活保護の申請に行く予定。持ち家のため名義の確認や売却の検討などが必要。	

2　社会参加に関する領域（教育、就労を含む）

項目	現状	本人の希望	本人の選好	記入者	記入者以外
趣味・旅行・レクリエーション	調子がよいときは、病院の帰りにデパートへ一人で行く。テレビは見ない。料理や絵画など趣味はあるが最近はやっていない。セキセイインコを飼っており、家族のように思って話しかけている。	「パッチワークをやってみたい」「また絵を描いてみたいけど、もう長く描いていないので上手に描けなくなっていると思う」「もっと買い物がしたい」「お菓子作りがしたい」「もっと本が読みたい」「（保健センターで行われた一般向けの）アンチエイジング料理教室は楽しかった」	料理・お菓子作りに興味がある。ファッションに興味あり、買い物が好き。美味しいものやスイーツを食べるのが好き。絵を描くことが好きで絵画を学ぶ学校に通っていたことがある。絵を描くことを仕事にしたかったが、収入が安定しないからと親に反対されてあきらめた。	好きなことや興味のあることに取り組む機会を増やすことで生活が充実していくと思われる。	「なるべく多く出かけて楽しみを増やしたほうがよい。しかし現状、本人が決まった時間に活動・交流場所に自発的に出かけるのは困難と思われる」（精神科主治医）
当事者団体の活動	特に参加はしていない。	活動場所を見学したとき「ここは私の場所じゃない」と発言した。	同世代の上品で明るい人たちとの交流がしたい。以前はソーシャルクラブに時々通っていた。ソーシャルクラブがなくなってから6年くらいはどこにも通わず家の中で過ごしていた。		
自治会への参加	本人は特に参加はしていないが、両親は近所との交流があった。				
	デイケアに通所したが、3回で行かなくなってしまった。	「人と話したいけど、人数が少ないところがいい」	一人で過ごすよりいいので、デイケアを利用してみる。	数年間、家族以外の人とかかわる時間がほとんどなかったため、人が多くいるところに長くいるのは慣れていないよう	「デイケアや外来作業療法の参加はいつでもしてよい。生活に張りが出るし一人の時間も少なくなるのでよいと思う。しかし、本人が

その他各種社会的活動				だった。また、継続には本人を巻き込むような働きかけが必要と思われる。	決まった時間に自発的に出かけるのは困難なので、促しや同行が必要と思われる」（精神科主治医）
就労	今はしていない。	「仕事はもう無理だと思う」		以前は10年間同じ所で働いていた経験があるので、作業を通して社会参加できると、充実感が得られるかもしれない。	

3　コミュニケーションや意思決定、社会生活技能に関する領域

意思表明	自分の気持ちは伝えられる。嫌なことは断ることができる。一人で不安があると、薬を飲んでいても大声で独語を話すことがあった。	「一人でいると寂しくて辛くなって大きな声を出したくなっちゃうの。周りに迷惑かけてると思うけど」		人に合わせて自分の意見を変えることはあまりない。不安が生じたときは頓服も服用しているがタイミングが遅く効果が薄い様子。	
意思決定	好き嫌いははっきりしている。		過去に選んだものと同じものを選ぶことが多い。	未知のものは拒否する（選ばない）傾向がある。	
他者からの意思伝達の理解				基本は良好。本人の病状が不安定だと理解することができないときがある。	
コミュニケーションツールの使用（電話、FAX、パソコン、タブレット、インターネット）	固定電話から電話をかけることができる。携帯電話は持っていない。パソコンは使えない。	「寂しくなるとたくさん電話をかけちゃう。迷惑かけていると思うので、かけないようにしたいけど」			
対人関係	人当たりがよく、周りの人に好かれる。相性のよい人とはコミュニケーションがとれ、苦手な人とは適度に距離をとっている。	「人と楽しくおしゃべりしたい。たくさん人がいるところより1対1の付き合い方がいい」	「人と話すのは好きだけど、慣れない人だと緊張しちゃう。でも人がいると安心する」	最初は家族以外の人に対し否定的であったが、徐々に人柄と役割をわかることでいろいろな人を受け入れることができるようになった。	
屋外移動やその手段（長距離、遠距離）	近くのコンビニエンスストアやケーキ店には一人で出かけることができる。電車やタクシーも利用できる。行き慣れたところにしか行けない。	「買い物に出かけたいけれど、遠いところは行くのが大変なので、本当は誰かに連れて行ってほしい」		本人の社会生活や趣味を活かした生活の充実について、移動をどうするか考えなければならない。公共交通機関では、慣れたところにしか行けない。10分以上一人で歩くのは難しい。	
金銭管理	一人になってからは、あればあるだけ使ってしまう。相談支援専門員と一緒に金銭管理をする。	「1億円くらい貯金があるからもっと自由に使いたい」「買い物しているときは気持ちが落ち着く」	食費より、洋服や本などの好きなもの、心が満たされるものに使いたいと思っている。	不安感から買い物が増えているのではないか。希望はあるが、アドバイスは受け入れようとするところはみられる。	

4　日常生活に関する領域

身辺のこと	生活上必要なことはおおむね自立している。	「最初は頑張っていたんだけど、家のことを一人でやるのは大変なので手伝ってほしい」		母に一通りのことは教えてもらっていた。	

調理	能力的にはできるが、自発的にやろうとすることが少なくなった。支援者と一緒に調理することはある。	「手作りの食事が食べたい」	調理をするのは好きなほうである。一緒にやる人がいるとなお楽しく取り組める。	料理やお菓子作りの教室に通っていたため、基本的な手順等は知っている。ここ何年もやってはいないが、できることは多いようである。	
食事	買ってきたもので済ませることが多い。栄養バランスのことを考えて食事を摂るよりも甘いものなど好きなもの中心。体重が増えている。	「手作りの物か美味しいものが食べたい」「デパートのお弁当は美味しいのよね」「○○の店のアイスを毎日食べたい」	甘いものは好き。特にアイスとケーキを食べるが、糖尿病があるので支援者には控えるように言われている。	両親がいたときはほぼ母の手作りの食事だった。外食も含め、食事には恵まれた環境だったようである。	「糖尿病は、現在食事療法で対応できる範囲。甘いものは週1回、バランスのよい適量の食事を心がける必要がある」（内科主治医）
入浴	訪問看護師に促されて入浴している。週2～3回だったが、週1～2回なんとか入る程度になっている。	「一人だからお風呂に入っているときに何かあったら困るでしょ？お風呂にゆっくり浸かると気持ちがいいんだけどね」	入浴中、好きな音楽を聞きながら入るととてもリラックスするようである。		
清掃・整理整頓	掃除は自発的にしない。職員に促されて一緒にやる。ホームヘルパーが来る日ごとに部屋が散乱している。	「一人で片づけられない。どこにしまったらいいかわからない。手伝ってほしい」	掃除や片づけはあまり好きではない。	段取りや判断ができない様子。清掃は支援が必要。	
洗濯	自分でできるが、体調が安定しないときは、支援者が主に行っている。両親が亡くなってから頑張っていたが、最近は溜まりがちである。	「やらなきゃと思うけど、最近できなくて。洋服は綺麗にしておきたい」	できていたことが少しずつできない日が増えている。		
書類整理・事務手続き	一人ではできず、大切な書類の判断が難しい。訪問時に相談支援専門員が手伝ったり代行したりしている。	「一人ではできないから手伝ってほしい。大事な書類がわからなくて締め切りが過ぎちゃったのがあった」		文書を理解することが難しく、事務手続きはこれまでも親がやっており、一人でできることはほとんどなく支援が必要。	
買い物	近くのお店に行って買い物をすることができる。調子のよいときはタクシーでデパートに行って好きなものを買うことができる。	「スーパーに誰か一緒に連れて行ってほしい。だめなら必要な物を買ってきてほしい」「もっと買い物がしたい。洋服や靴を買いたい」	両親と一緒に行っていたころには一人で行くことができる。母と時々買い物に行っていたデパートで今も買い物をしたいと思っている。	最初は支援者と一緒に家事を頑張っていたが、できない日が多くなっている。必要な物を自分で選んで買えるように、移動手段や同行支援を検討する。	

5 健康に関する領域

体力	あまり歩いたり運動したりしていないので少しずつ筋力・体力が低下している。		歩くのは好きではない。	両親と買い物に行っていたときは重い荷物は本人が持って30分歩いていた。	
健康状態	血糖値が高めのため、1か月に1回内科で検査している。糖尿病の薬は飲んでいない。精神科で処方された薬の服用は訪問看護の支援で、継続しており、精神科的な症状はおおむね安定している。ただ不安が		甘い食べものが好き。	自分の好きなものに偏りがちで食事や生活上の自己管理が難しい。	「甘いものは1週間に1回くらいにして糖尿病の薬を飲まなくても済むようにする。なるべく歩くようにする」（内科主治医）

	高じすぎると独語・大声がある。				
医療機関利用状況	4週間に1回精神科受診と内科受診。訪問看護を週1回利用している。精神科で処方された薬を訪問看護師に確認してもらいながら自己管理して服用している（1日4回）、不安時頓服も出されている。	「診察で伝えることや言われたことがわからなくなってしまう。病院にはできれば一緒についてきてほしい」	定期薬は服用できているが、頓服を飲むタイミングがわからない。	本人が自身の症状や生活の状況を正確に主治医に伝えることは難しい。また、主治医からの指示を支援者に伝達することはできないので、受診の同行や受診時の支援工夫が必要。	
医療費・健康保険	国民健康保険加入。自立支援医療費受給。				
障害	精神障害者保健福祉手帳2級所持。診断名は統合失調症。				「薬物療法でできるところまでは行った。あとは環境設定と生活場面でのリハビリテーションが大切」（精神科主治医）

6　家族支援に関する領域

従妹とその長女	本人宅から2時間半ほど離れた他県に住んでいるが、本人の両親が亡くなったときの手続きなどをやってくれ、キーパーソンとなっている。大変協力的。しかし遠方で仕事をしているため、頻繁には来られない。相談支援専門員とも連絡を取りあっている。	「時々来てほしい」「従妹と一緒に住みたいと思うけれど断られた」（本人）「本人が楽しみのある生活を送ってほしいと思っている。頻繁な協力は難しいが本人を応援したいと思っている」（従妹）		本人にきょうだいがいないため、従妹がいて助かっている。	「若い頃、智子ちゃんのお母さんが私（従妹）の面倒をよくみてくれた。智子ちゃんとはよく一緒に過ごした」（従妹）
母	数か月前に死去した。	親が亡くなってからの生活を心配していた。	本人に家事を教えたり一緒に買い物に行ったり、可愛がっていた。	家のなかのことは一手にきちんと行っていた。家事も本人に教えるなどしっかりと育てていた。	
父	元新聞社勤めで社交的。母死去の数か月前に死去している。	本人のことは可愛がっていた。ただ病気のことは近所に隠していた。	世間体を気にするところがあった。本人のことは可愛がっていた。	社会的に地位の高い仕事にも就いていたため、世間体を気にして自分でできるうちはその範囲で本人のことを面倒みていたのではないか。	
その他の親戚数名	両親が亡くなった後、本人の様子を見に自宅を訪れてくれた。				

対応者所見のまとめ

両親を急に亡くして単身生活となったが、数年間家族以外の人とほとんどかかわりをもっていなかったため、他者に慣れるまで時間がかかった。気持ちの準備をしないまま単身生活になった寂しさは大きく、精神状態が不安定になった。また、一人で暮らしていく生活の力がついていなかったため、自分でやらなければならないことの多さがわかり、負担感が大きかったようである。

以前のように趣味を楽しみ、笑顔が多くみられる生きる力の湧いてくるような本人がみられるよう、関係機関と支援の方向性を確認し、日常生活の支援を検討調整しながら、自らの力で楽しみの時間をもった生活ができるようにしていきたい。

ニーズ整理票

インテーク			アセスメント
情報の整理 （見たこと、聴いたこと、データなど：事実）			理解・解釈・仮説 （作成者の捉えかた、解釈・推測）

本人の表明している 希望・解決したい課題	（作成者の）おさえておきたい 情報		理解・解釈・仮説（作成者の捉えかた、解釈・推測）
●一人は寂しいので誰か一緒に住んでほしい。 ●最初は頑張っていたんだけど、家のことを一人でやるのは大変なので手伝ってほしい。 ●もっと買い物がしたい。誰か一緒に行ってほしい。食事は手作りの物か美味しいものが食べたい。 ●手続きは一人でできないので手伝ってほしい。 ●パッチワークをやってみたい。 ●また絵を描いてみたい。 ●お菓子作りがしたい。	●基本的な生活能力はあるが、体調を崩してからは両親が本人の身の回りのことをほとんどやってくれていた。 ●食事は毎日母が作っていた。 ●両親と一緒に行っていたところには一人で行くことができる。 ●母と時々買い物に行っていたデパートで今も買い物をしたいと思っている。 ●最初は支援者と一緒に家事を頑張っていたが、この頃できない日が多くなっている。 ●薬をきちんと飲んでいても、不安になり、一人暮らしのときは大きな声で独語を発することがあった。 ●頓服の使用はあったが、服用のタイミングがわからないようだった。 ●最初は家族以外の人に対し否定的であったが、徐々に人柄と役割をわかることでいろいろな人を受け入れることができるようになった。 ●以前はソーシャルクラブに時々通えていた。ソーシャルクラブがなくなってから6年くらいはどこにも通わず家の中で過ごしていた。 ●保健センターで行われた一般の方向けのアンチエイジング料理教室に参加したら「楽しかった」と言っていた。 ●絵画を学ぶ学校に通っていたことがある。絵を描くことを仕事にしたかったが、収入が安定しないからと親に反対されてあきらめた。 ●以前は10年くらい一つの会社で働くことができた。 ●仕事を辞めてから料理教室などの習い事に行っていた。	本人	【生物的なこと】 ●精神科で処方された薬の服用や通院は支援を受けているため安定している。支援や日課、環境の調整でさらに安定が図れ、大声や独語も減り、本人らしさが出るのではないか。 ●糖尿病であるが、薬物治療に至っていないため、好きな調理や買い物を活かして支援調整すれば血糖値ももっと安定するのではないか。 【心理的なこと】 ●突然単身生活になったことでの寂しさが精神的な不安定につながっているのではないか。支援者や同居者がいる環境で暮らすことで安心感がもて、本来の安定や力が取り戻せるのではないか。 ●一人で何もせずにいる時間が多かったが、趣味などに取り組む時間や人とかかわる時間を増やすことで生き生きと暮らしていけるのではないか。 【社会性・対人関係の特徴】 ●経験のあること、行ったことがある場所には抵抗がなく今までどおりの行動ができるが、新しいことをやるのには拒否的。経験を積めばできることが増え、行動範囲も広がるのではないか。 ●人当たりがよく人に好かれる性格、本人も好き嫌いがないため、時間をかければどこに行っても環境になじんでいけて、新しい人間関係も構築していけるのではないか。 ●外出は好きなため、好きなことや興味のあることで外に出る機会を増やし、いろいろな人と出会うことでよい刺激を得られるのではないか。 ●趣味や嗜好が合う人たちとかかわりたいと思っているため、福祉や医療の支援者だけでなく、地域の人とかかわれる機会があったほうが本人の満足度が高く自信にもつながるのではないか。
		環境	●両親の思い出の詰まった家に一人で暮らしていることで、今は余計に寂しい気持ちが増してしまっているのではないか。 ●環境を変え、常に人がいる環境（一軒家タイプのグループホームなど）で暮らすことで気持ちが切り替わり安心感につながり、好きなことややってみたいことに気持ちが向くのではないか。 ●迷ったときや困ったときにすぐに相談できる人、どうしても難しいときに一緒にやってくれる人がそばにいることで、今までできなかったことにも取り組める機会が増えるのではないか。

今回大づかみに捉えた本人像（100文字程度で要約する）
「お父さんもお母さんもいなくなっちゃって一人でいると寂しくて死にたくなっちゃう。家のことも一人でやるのは大のよね。もっと前みたいに買い物に行ったりおしゃれしたりして人生を楽しんでいきたいわ」

出典：近藤直司『医療・保健・福祉・心理専門職のためのアセスメント技術を高めるハンドブック　第2版──

		プランニング
理解・解釈・仮説② (専門的アセスメントや他者の解釈・推測)	支援課題 (支援が必要と作成者が思うこと)	対応・方針 (作成者がやろうと思うこと)
● 精神科主治医より デイケアや外来作業療法の参加はいつでもしてよい。どこか出かけるところがあったほうが生活に張りが出るし一人の時間も少なくなるのでよいと思う。しかし、本人が決まった時間に自発的に出かけるのは困難なので、促しや同行が必要と思われる。 薬物療法でできるところまでは行った。あとは生活場面でのリハビリテーションと本人に合った環境設定が大切。 ● 内科主治医より 甘いものは1週間に1回くらいにしてなるべく糖尿病の薬を飲まなくても済むようにする。運動のために、なるべく歩くようにする。	● いったん、これまでの生活場所から物理的に変わり、常に困ったことを確認できる環境で安心感を高め、本来の力を回復する。 ● 経験を重ねていくことでできるようになる力がある。一定期間1日1週間全体の流れのなかで支援がタイムリーに受けられ、自分で取り組んでいける状況をつくる。 ● 生活を充実したものにするためのアプローチを検討。趣味に取り組む機会を提供（福祉支援に限らず）する。	● 智子さんにとっての幸せな暮らしを本人と一緒に考える。 ● グループホームで生活しながら、できることと支援が必要なことを見極めていく。支援が必要なことについてはどのようにしたらできるようになるかを考える。また、グループホームの世話人と一緒にやって習慣をつけていく。 ● 趣味や好きなことに再度挑戦する機会を提供し、何に興味をもったかを本人と振り返りをする。また、外出が必要な場合、移動手段をどうするか検討する。

変だから、人と一緒に住みたい。絵やお料理は昔習ってたから大抵のものはできるけど、最近疲れちゃってやってない

ケースレポートの方法からケース検討会議の技術まで』明石書店、42頁、2015. を一部改変により作成

サービス等利用計画案・障害児支援利用計画案

利用者氏名（児童氏名）	埼玉　智子　様	障害支援区分	
障害福祉サービス受給者証番号	○○○○○○○○	利用者負担上限額	
地域相談支援受給者証番号		通所受給者証番号	

計画案作成日	○年○月○日	モニタリング期間（開始年月）	

利用者及びその家族の生活に対する意向（希望する生活）	本人「一人で暮らすのは寂しいので誰かと一緒に住みたい、手作りの食事を食い物したり美味しいものを食べたりしたい」「パッチワークもやってみたいし、従妹「本人が安心して暮らせればよいと思う」「前のように好きな絵を描いたり
総合的な援助の方針	楽しい時間を増やしていく。できること、やってみたいことを自分で行い、新
長期目標	自分の生活場所や、外出しての交流の場所で、好きなことに取り組める時間が
短期目標	共同の生活場所に慣れ、困ったとき、希望があるときに自分からスタッフに伝

優先順位	解決すべき課題 （本人のニーズ）	支援目標	達成時期
1	協力してもらいながら安心して生活したい	一人では困難なことに対して適宜必要なサポートと助言を行い、生活していく力をつけられるようにする。	1年
2	楽しいことを生活のなかに増やしたい	生き生きとした生活を送れるように本人の楽しみを一緒に探す。	1年
3	新しいことに取り組んだり人と交流したりする機会を増やしたい	プログラムへの参加や人との交流の機会を提供し、よい刺激となる時間を増やしていけるようにする。	1年
4	精神的な安定と身体的に健康な状態で過ごしたい	調子の波を本人自身で意識でき、本人なりの対処をしながら生活できるようになるよう助言・支援する。	1年

区分4	相談支援事業者名	Ｚ相談支援センター
０円	計画作成担当者	○○○○

３か月ごと（○年○月）	利用者同意署名欄	埼玉　智子

べたい」「一人でいろいろなことをしなくちゃならないのは大変。一緒にやってもらいたい」「もっと買
また絵を描いたりお菓子作りをしたりしたい」
して楽しみのある生活を送ってほしい」「遠いのでなかなか行ってあげられなくてすみません」

しいことや難しいことを伝えて協力してもらいながら暮らす生活を応援する。

もてるようになる。

えることができる。

福祉サービス等 種類・内容・量（頻度・時間）	課題解決のための 本人の役割	評価 時期	その他留意事項
● グループホーム 　生活全般の支援　当該月の日数	自分でできることは自分でやる。 困ったこと、不安なことは、早めにスタッフに相談する。	３か月	困ったり、考え事を抱えていそうなときは様子をみて声をかける。少しずつ自分から伝えてもらえるように見守る。
● 相談支援事業 　本人と一緒に見学に行く（まちづくりセンターの絵画サークル、保健センターの料理教室、地域の習い事教室など）	興味のあることを伝える。 見学に行ってみて、やってみたいことを探していく。	６か月	
● 生活介護 　日中過ごす場所、他者との交流 　週４日（月・火・水・金） 　10：00〜15：00	興味あるプログラムに参加してみる。いろいろな人と話をしてみる。	３か月	
● 定期受診 　Ｂ病院（精神科）　４週に１回（火） 　Ｃ病院（内科）　４週に１回 ● 訪問看護 　病状管理、服薬管理、健康管理、不安感の軽減　週１回（木）	精神的・身体的な不調は職員や看護師に早めに相談する。 食事の相談をスタッフにする。 甘いものは週１回一つにする。	３か月	糖尿病の薬を飲まなくてもよいように栄養面に気をつける。

サービス等利用計画案・障害児支援利用計画案【週間計画表】

利用者氏名（児童氏名）	埼玉　智子　様	障害支援区分	
障害福祉サービス受給者証番号	○○○○○○○○	利用者負担上限額	
地域相談支援受給者証番号		通所受給者証番号	

計画開始年月	○年○月○日

	月	火	水	木
6：00	グループホーム	グループホーム	グループホーム	グループホーム
	起床	起床	起床	起床
8：00	朝食・外出準備	朝食・外出準備	朝食・外出準備	朝食
				自由に過ごす
10：00	生活介護	生活介護	生活介護	部屋の掃除や洗濯など
12：00	昼食	昼食	昼食	昼食
14：00	生活介護	生活介護	生活介護	訪問看護
16：00	グループホーム	グループホーム	グループホーム	グループホーム
18：00	入浴	入浴	入浴	入浴
	夕食	夕食	夕食	夕食
20：00	グループホーム	グループホーム	グループホーム	グループホーム
22：00				
	就寝	就寝	就寝	就寝
0：00	グループホーム	グループホーム	グループホーム	グループホーム
2：00	グループホーム	グループホーム	グループホーム	グループホーム
4：00				

サービス提供によって実現する生活の全体像	グループホームを利用することによって自立した生活に向けて少しずつ生活していく力をつけていくことができ活の充実につながっていく。 （常に見守りのある場所で生活することで安心して住み慣れた地域での生活を続けていくことができる。以前

区分4	相談支援事業者名	Z相談支援センター
0円	計画作成担当者	○○○○

金	土	日・祝	主な日常生活上の活動
グループホーム	グループホーム	グループホーム	● 共同生活援助 当該月の日数 ● 生活介護 当該月の日数－8日 月・火・水・金 ● 訪問看護 週1回 ● 部屋にいるときは、好きなCDを聞いたりファッション雑誌を見たりして過ごす。 一人での外出は、近所のドラッグストアやコンビニエンスストアが多い。
起床	起床	起床	
朝食・外出準備	朝食	朝食	
生活介護	自由に過ごす	自由に過ごす	
	部屋の掃除や洗濯など	部屋の掃除や洗濯など	
昼食	昼食	昼食	
生活介護	自由に過ごす	自由に過ごす	
グループホーム			**週単位以外のサービス**
入浴	入浴	入浴	● 定期受診 B病院（精神科） 4週に1回 （火曜日午後） C病院（内科） 4週に1回 （曜日は決まっていない）
夕食	夕食	夕食	
グループホーム	グループホーム	グループホーム	
就寝	就寝	就寝	
グループホーム	グループホーム	グループホーム	

きる。また、生活介護を利用することで生活リズムが整い、いろいろな人と交流する機会が増え、コミュニケーション力の向上や生

やっていたことや好きなことに挑戦することで、生活のなかに楽しみを増やすことができ、生き生きと暮らしていくことができる）

4 サービス等利用計画を作成する際の状況・ポイント

　本人と支援関係者で1か月に1回、サービス担当者会議を行い、実際の生活状況の共有を行いながら、本人の思いも共有し、今後の支援方針を立てていくことにした。

　本人からは「一人で寂しい」「一人で家のことをやらなきゃいけないのが大変、でもここで暮らしたい」という言葉が何度か出た。一方、人といるときは比較的落ち着いていることが多かったようにみえた。そのため、家での一人の時間を減らし、定期的に出かけて人とかかわる時間を増やすことを提案した。その後、調理プログラムのある地域活動支援センターとデイケアを見学し、行き慣れていた精神科デイケアを本人が選んだ。しかし、3回ほど行った後、急に行かなくなってしまう。家にいる時間が再び増え、家事ができない日も増えてきた。好きだった料理もやらなくなり、配食サービスも試したが「おいしくない」と断った。入浴も促されなければ入らず、整容にも無頓着になっていった。主治医と相談したが、薬物治療でできるのはここまでとの返答であった。

　また、この頃、何事にも自主的に取り組むことが難しい状態にあった。本人も「誰かと暮らしたい。家事もしんどい」と話す。しかし、基本的な生活をする力はあるため、促して一緒にやればできることは多いが、家にいる時間が増え、家事ができない日々ではどんな人生を送りたいか本人が考えていくことができない様子だった。担当者会議などを行う定期的な支援のなかで、自ら取り組むということを習慣化するために相談支援専門員はグループホームの利用を本人に提案した。そうすると、本人からも「見てみたい」との希望により、見学・体験を行った。体験後、本人と振り返りをすると、「夜も人がいて安心した。食事もおいしかった。今はグループホームでみんなと仲よく暮らしたい」との意思を示した。本人がエンパワメントされていくことを目標に、グループホームの正式利用となり、サービス等利用計画の作成を行った。日中の活動先としては、まずは本人の負荷をかけずに外出できるよう、送迎のある生活介護事業所を見学して利用することにした。相談支援専門員は、グループホームと生活介護の職員に、経験したことは自らできるが、新しい場所や人には物怖じしてしまうため、最初の頃はなるべく声かけや促しをしてほしいと伝えた。

5 その後の支援

　グループホームを利用し始めて1～2か月の間は好きなものや絵を飾った自室で過ごすことが多かった。次第に一緒に暮らす利用者に慣れ、リビングで洋服や料理の話

をするようになった。家事は職員の声かけとホームの日課で大体決まった時間に自ら行い、料理も笑顔で手伝うことが増えてきた。声をかけてもらうことが安心感につながった様子で、自分からも困ったことは聞けるようになった。

日中は生活介護の通所先に楽しく通えている。時々、行くことを渋る日もあるが、本人の気持ちを聞くと次第に身支度をし始め、帰ってくるときはよい表情に変わっているとモニタリング時に職員が話し、本人は恥ずかしそうにしていた。

グループホームも生活介護も相談支援専門員や行政と本人の様子を共有して、声かけや促しをした結果、本人の安心の場となった様子であった。この頃には、大声で騒ぐことや救急車を呼ぶようなことはなくなっていた。「一人も嫌だったけど、実は知らない人と暮らすなんてできるか心配だったの。でも、いつも世話人さんがいてくれるので困ったことがあったときはすぐに相談することができて安心。人がいるので寂しくない。ここでもっと一人でできることを増やしていきたいと思う。あと、絵の教室とかお菓子作りの教室にまた行ってみたい。そうしたらまた実家で暮らせるようになるかな」と話している。今後は、地域にある資源を活用して本人のやりたいことを一つずつ実現していけるようサポートをしていく。

6　相談支援専門員は「ここ」に注目する！

- 親亡き後の相談は、その時点では本人の希望、困りごとはみえないことが多い。相談支援専門員は、本人中心の視点を踏まえ、今までの情報と現在の情報を集め、本人のニーズから必要な支援を考えたり、信頼関係を構築することを中心に支援を進めたりした。

- 相次いで両親が亡くなったとき、相談支援専門員は、早急に本人の状況や希望を整理し、必要な支援を調整した。両親が亡くなる前に本人との信頼関係が構築されていたことにより、本人の支援も速やかに進んだ。常にアセスメントを更新しながら、本人をエンパワメントしている。

- 相談支援専門員は常に情報を収集し、本人の生活や支援の全体像をつかんでいた。支援者全体で共有することで、支援者がそれぞれの役割を担うことのできる体制づくり（いわば、舵取り）ができていた。

- 相談支援専門員は、本人の「誰かと暮らしたい」「家事もしんどい」といった希望や困りごとに寄り添いつつも、これまでの希望や本人のもつ生活の力も考慮し、本人の現在のニーズとともに、今後の生活やその先の人生の希望につなげることを重視した。グループホームの利用を調整することで、本人は「楽しみを見つける」「今後、実家で暮らす」という新たな生活に向かう希望につながった。

事例 2

▶ これからの一人暮らしへの支援

不安になりがちな状況から、暮らしのイメージをともに考える

■ 福井みずきさんと相談支援専門員とのかかわり

本人・家族

母が相談支援事業所へ相談 ／ 「一人暮らししたい」 ／ ホームヘルプを利用 ／ 「料理や買い物を覚えたい」 ／ 緊急時は不安のため、短期入所を見学 ／ 料理も徐々にできるように ／ 自立支援協議会のセミナーで体験談として報告

24歳 ——————————————— 27歳

相談支援専門員

初回面談 ／ 本人と再度面談 ／ 本人と関係性ができてくる ／ 本人の情報を収集 ／ 移動支援と家事援助も調整 ／ 短期入所の利用を検討 ／ サービス等利用計画作成 ／ 本人への介助方法を支援者で統一 ／ 3か月後モニタリング

1 相談支援専門員がかかわるまでの本人の暮らし

　みずきさんはD市にて出生。妊娠27週に切迫流産。28週で生まれる。体重935ｇ、肺がまだ形成されておらず黄疸が強い状態だった。

　定期受診を続け経過観察をしてきたが、1歳を過ぎてもお座りやハイハイがうまくできず、2歳のときに脳性麻痺の診断を受ける。主治医からの助言もあり、3歳からE学園の母子通園を利用。5歳のときに現在住んでいるF市へ転居し、6歳まで幼稚園に母子通園していた。小学校は養護学校へ入学。小学部5年のときに車いすを使い始め、6年のときに特別支援学校が新設され、通学区域の変更に伴い転校となる。学校には送迎バスを利用していた。

　高校へ進学する際は、特別支援学校の高等部にそのまま進学するか、特別支援教育ではない普通教育のなかで過ごし、人間関係をつくったうえで一般就職をするか考えた。高校の見学などをした結果、地元の定時制高校を選択し、4年間通学した。しかし、特別支援学校とは違い、車いすの人が周囲におらず、浮いた存在のように感じ、

ふさぎ込んでしまう時期もあった。また、寒い時期になると脳性麻痺の二次障害から筋緊張により身体の痛みが強くなる日もあり、学校を休むこともあった。

卒業後は、一般就職を目指しながら仕事に必要なスキルを身につけるために就労支援センターの就労継続支援B型、就労移行支援を利用する。ワードやエクセルの資格にチャレンジしながらパソコンスキルを身につけた。24歳のときに試用期間を経て、障害者就労の実績がある地元の会社への就職が決まる。現在、パートタイムで週3日朝の9時から3時間、パソコン事務の仕事をしている。

2 相談支援専門員と出会うきっかけ（支援の始まり）

みずきさんの母が市の障害福祉課に相談し、相談支援事業所を紹介されたことから支援が始まった。初回面談では、車いすで出入りするリビングのスロープから、母が出迎えた。その後ろで本人は一目で緊張していることがわかるほど、表情も硬く視線も合わない状態だった。しかし、挨拶や質問への受け答えには照れくさそうに応じてくれた。

相談支援専門員の問いかけには、母が本人の生活歴から現状を次々に話してくれた。「私も仕事で遅いこともよくあって、夕食も20時を過ぎたり、お風呂に入れてあげられないこともあるんですよねぇ、可哀想なんだけど…」と、母自身も疲れている様子がうかがえた。また「私たち（両親）も年をとってきて、どこまでみられるか…いろいろ準備もしなきゃと話しているんです」と先々の心配を口にしていた。本人はその横で静かに聞いていた。

初回面談では、母からの話がメインとなったため、後日、本人の単独での面談の約束をした。

自宅への二度目の訪問では、本人がお茶を用意して待っていてくれた。相談支援専門員に対して緊張はまだあるようだったが表情は若干和らいでいた。テレビが消音でつけられており、本人はテレビに目を向けたり、飼っている猫に話しかけたりしながら面談は進められた。

しばらくして、本人は「人と話すことが苦手で、緊張してしまうんです。だから、テレビをつけています」と言い、緊張を緩和させて面談に臨んでいる様子だった。また猫に接する表情や声色から、猫の存在がみずきさんにとって大きいことがわかった。対人関係については「お母さんにも緊張することがあるんです」と発言していた。相談支援専門員はこの「緊張」という表現は "忙しそう、大変そうだから申し訳ない" という母に対する心配や罪悪感から現れたものであると感じた。

初回面談で母からあった先々の心配は本人も感じており、「将来は一人暮らしをし

たいなと思ってます」と自信なさげではあるが、自立したいという気持ちが感じられた。そこで、本人の「一人暮らしをしたい」という思いをベースに今後の支援を検討していくこととした。

3 支援の経過

　みずきさんと関係性ができていくなかで、趣味が映画鑑賞であること、またその趣味の映画に行くために自分でレスパイトサービスを予約し、出かけていることがわかった。また、対人関係に苦手意識があっても、趣味を充実させるための行動はとっており、相手との関係性が築ければ自分で調整する能力ももっていることがわかった。

　アセスメントをしていくなかで、15歳頃から脳性麻痺の二次障害から筋緊張や痛みで外出できないときがあり、20歳のときに全身痛で入院した。寝たきりで会話もできない状態となり、身体機能の低下は一番心配しているようだった。このため、痛みの軽減や身体機能の維持は重要な視点である。

　医療機関でのリハビリテーションを中学時期から受けており、本人の了承を得て理学療法士へ情報提供を依頼した。手先・歩行訓練、コミュニケーションの相談をしており、個人メニューに取り組み、長い期間かかわっている理学療法士は、真面目で努力家という印象をもった。

　これまで母に頼っていた入浴について、週3日は一人暮らしを想定しつつ、母の介護負担を軽減することを目的に居宅介護を利用することで確実に入浴できることとした。ホームヘルパーとのかかわりは、人間関係をつくる機会にもしている。将来の一人暮らしについては「一人暮らしをしたい気持ちと家族と住みたい気持ちは半々くらいで30歳くらいにはしたいです」と漠然としている。昼食は、母が用意したものを電子レンジで本人が温めることで、母にも本人の自立を応援してもらう形とした。本人から「将来のために料理や買い物も覚えたい」と希望があり、移動支援による買い物とホームヘルパーと一緒に調理する機会を設定し、身体介護によるホームヘルパーを調整する。緊急時、慣れない環境で過ごすことへの不安も感じていることから短期入所の利用もまずは見学から検討していくこととした。

　一人暮らしへの漠然とした思いを支援者とのかかわりを通して、少しずつ具体的な思いとなるよう支援してきている。

一次アセスメント票
（情報の整理票）

作成者氏名	作成日
○○○○	○年○月○日

ふりがな	ふくい　みずき	性別	女性	住所	（〒○○○－○○○○） ○○○○○○○○○○○○
氏名	福井　みずき				
生年月日	○年○月○日	27 歳		連絡先	090-＊＊＊＊-＊＊＊＊

本人の要望・希望する暮らし、困っていること・解決したいこと

「30 歳くらいに一人暮らしを愛猫とともにしたい」「筋力を維持しながら、将来自立するときのために家事を覚えたい」「体調がよいときには、外出をしたい」

家族の要望・希望する暮らし、困っていること・解決したいこと

（母）「体の痛みを抑え、今後入院しないようにしていきたい」
「家族に何かあったときの緊急時や将来のことを考え、準備をしていきたい」

希望する1日の流れ

本人

平日：起床　朝食　仕事　昼食　入浴　夕食　テレビ　就寝
休日：起床　朝食　昼食　買い物　入浴　夕食　テレビ　就寝
（6　9　12　15　18　21　24　3）

生活状況［普通の1日の流れ］

本人

平日：起床　朝食　仕事　昼食　テレビ　夕食　入浴　テレビ　就寝
休日：起床　昼食　夕食　入浴　テレビ　就寝
（6　9　12　15　18　21　24　3）

〔その他の1日の生活の流れ〕　※いくつかの1日の生活があれば、別紙に記入

本人

（6　9　12　15　18　21　24　3）

本人の概要

生活歴（病歴含む）

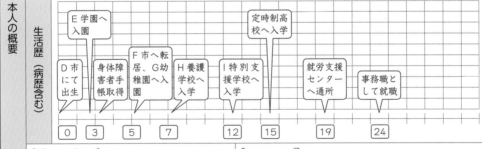

- E学園へ入園
- 定時制高校へ入学
- D市にて出生
- 身体障害者手帳取得
- F市へ転居、G幼稚園へ入園
- H養護学校へ入学
- I特別支援学校へ入学
- 就労支援センターへ通所
- 事務職として就職

（0　3　5　7　12　15　19　24）

［ジェノグラム］

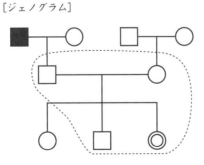

［エコマップ］

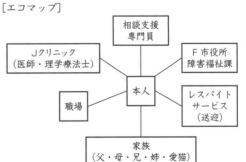

Jクリニック（医師・理学療法士）／相談支援専門員／F市役所障害福祉課／職場／本人／レスパイトサービス（送迎）／家族（父・母・兄・姉・愛猫）

利用者の状況

項目	状況・意思			支援者の気づき	
	現状	本人の希望	本人の選好	記入者	記入者以外（専門的アセスメントを含む）

1　生活基盤・日常生活に関する領域

項目	現状	本人の希望	本人の選好	記入者	記入者以外
住環境	2階建ての一軒家。持ち家（家族同居）。自室は1階。	一人暮らしと家族同居したい気持ちは今は半々。30歳くらいには一人暮らしをしたい。猫と一緒に暮らしたい。	なるべく母に迷惑をかけたくないと思っている。	トイレを広くしたり、段差等の改修をしている。	手すりなどがあれば、移乗は自分でできる。（理学療法士）
経済環境	障害基礎年金受給。給料2万円程度。	もっと体調を整えて仕事をしたい。			両親共働きで経済的な面で多少の支援をしてくれている。

2　社会参加に関する領域（教育、就労を含む）

項目	現状	本人の希望	本人の選好	記入者	記入者以外
趣味・旅行・レクリエーション	映画鑑賞が趣味（特にトム・クルーズ出演作）。週末は家族と外食や買い物に出かける。	体調がよいときは外出したい。	天気や体調のよいときは自分でレスパイトサービスの予約をとり外出している。		
当事者団体の活動	以前当事者サークルに参加していたが、人付き合いが苦手ということと、母の送迎が難しくなり行かなくなった。			友人をつくりたい気持ちはある様子がうかがえる。	車いすの人が集まるサロンに誘うと興味を示すが実際に参加したことはまだない。（理学療法士）
自治会への参加					
その他各種社会的活動					
就労	24歳のとき就職。パートタイムで週3日 9：00～12：00までパソコン事務の仕事をしている。	体調不良時や仕事がわからないときに声をかけられるようになりたい。曜日や時間を増やしていきたい。将来は翻訳家になりたい。	体調は整わず休んでしまうことも多い。	緊張が強く、遠慮深いため、なかなか職場の人にサポートを頼めない様子。	真面目に取り組んでくれている。（職場の人）

3　コミュニケーションや意思決定、社会生活技能に関する領域

項目	現状	本人の希望	本人の選好	記入者	記入者以外
意思表明	苦手意識が強いが、質問などに対し自分の意見や考えを述べることができている。	緊張しないで話したい。	伝えたいことがあっても対面では緊張してしまい、うまく伝えられないため、事前にメモしておくなど工夫をしている。	面談時はテレビを消音でつけたり、猫にいてもらうことで緊張を和らげている様子。	「思っていることを伝えられない」「言うタイミングがわからない」「伝えることが気持ち的な負担になる」と話している。（理学療法士）
意思決定	できている。		家族に相談することもある。	不安はあるが、自分の考えをしっかりもっている。	
他者からの意思伝達の理解	十分理解している。				
コミュニケーションツールの使用（電話、FAX、パソコン、タブレット、イ	電話対応、メールのやりとりができる。	電話よりもメールのほうがよい。			

ンターネット)					
対人関係	友人といえる関係の人はいない。同年代の人には苦手意識も感じている。	将来のために家族以外の人とも関係をつくっていきたい。	高校時代周囲から浮いているように感じふさぎ込んでしまった時期があり、自信がない様子。		「〜しなければ」という気持ちや、周囲の期待に応えなければ、迷惑かけたくないという気持ちが強くみられる。(理学療法士)
屋外移動やその手段(長距離、遠距離)	車いす使用。場所によって電動と手動を切り替えて移動。長距離の際は母やレスパイトサービスを利用。			自宅周辺は砂利道や狭い道路が多く移動には危険が伴う。	
金銭管理	自分で可能。ATMの利用は付き添いが必要。	一人暮らしでどのくらい必要なのかわからない。			

4 日常生活に関する領域

身辺のこと	着替えは自分で可能。排泄時のふき取りは難しいことがある。				移乗時に足の位置が回転しないように注意が必要。(理学療法士)
調理	基本的には母が作ってくれている。昼食は事前に母が準備したものを本人が温めて食べる。	一人暮らしのために料理ができるようになりたい。			
食事	体調によって食欲がないときがある。	体重増加には気をつけたい。	負担軽減のため、体重増加については、本人も母も意識している。		
入浴	母が介助しているが大変になってきている。また、仕事で疲れ介助できないこともある。	できれば毎日入りたい。温まると体も楽になる。			
清掃・整理整頓	母が実施。				
洗濯	母が実施。				
書類整理・事務手続き	家族のサポートで行っている。				
買い物	時々家族と買い物には出かけている。	献立を考えて買い物できるようになりたい。			

5 健康に関する領域

体力	体の痛みが続いており、体力的にも厳しい。	筋力維持、体重増加を防ぐため、できる限り自分でできることはしたい。			
健康状態	15歳くらいから脳性麻痺の二次障害からくる体の痛みがひどくなっている。	体の痛みをなくしたい。	特に寒いときに痛みが強く、動けないことがあったり、夜は寝つけず寝不足状態が続いている。		
医療機関利用状況	Jクリニック(理学療法)月1回 Kクリニック(理学療法)月2、3回 L医院月2回。	入院はもうしたくない。	20歳のときに全身痛で2週間入院した。当時は機能低下から寝たきりとなり、言葉も出ない状	過去の機能低下状態を知ってから、同じような状態にはなりたくないという気持ちが強い。	リハビリテーションで体を動かすことで体が楽になる。(Jクリニック理学療法士)

		態であった。		
医療費・健康保険				
障害	超低出生体重児で生まれ、2歳のとき脳性麻痺と診断を受ける。両上肢機能障害、両下肢機能全廃。	筋力維持をしていきたい。車いすから降りて体を伸ばす時間がほしい。		

6 家族支援に関する領域

父、母、兄	両親ともにフルタイムで勤務しているため、不在になることが多い。兄がいるときは介助に協力的。		仕事と家事に自分の介助が加わって母が大変そうなのでお願いしにくいと感じている。	母は介護の仕事をしているため、介護技術や知識はもっている。一方、仕事が忙しく介助の負担は大きい。
姉	都内に住んでいるため、会う機会はあまりないが、携帯でやり取りをしたり、帰省した際には相談をするなど頼りにしている。			

対応者所見のまとめ

筋力低下を防ぐため日常生活上の動作については、できるだけ自分で行うことに対して意識が高い。映画鑑賞を趣味として、体調のよいときには外出も楽しみたいと思っている。家族に対する罪悪感もあり、将来は一人暮らしを希望している。そのための家事の練習や家族以外の人との関係性づくりを積極的に考えている。

ニーズ整理票

インテーク		アセスメント
情報の整理 （見たこと、聴いたこと、データなど：事実）		**理解・解釈・仮説** （作成者の捉えかた、解釈・推測）

本人の表明している 希望・解決したい課題	（作成者の）おさえておきたい情報		
● 30歳くらいには猫と一緒に一人暮らしをしたい。 ● 一人暮らしのために家事を覚えたい。 ● 体調がよいときは外出したい。 ● もっと体調を整えて仕事をしたい。 ● 将来のために家族以外の人とも関係をつくっていきたい。 ● 家族の緊急時に備えたい。（母）	● 母が家事全般を行っているため、本人は身についていないことが多い。 ● 料理、買い物の仕方を覚えたいと意欲的である。 ● 両親は共働きで不在がちのため、一日中車いすに乗っていることがある。 ● 天気や体調のよいときは自分でレスパイトサービスの予約をとり外出している。 ● 就労支援の利用を経て、就職に結びついた。24歳から現在まで週3日パソコン事務の仕事をしている。 ● 仕事には真面目に取り組んでおり、仕事時間や日数を増やしたい気持ちもある。しかし、体調不良のため、休んでしまうことも多い。 ● 15歳から体の痛みと付き合っており、20歳のときには入院し、寝たきり、言葉も出ない状態となったことがある。 ● 寒い時期は特に痛みが強くなってしまい、寝不足状態が続いている。 ● 体重増加が体への負担になってしまうため、本人も母も強く意識している。 ● 職場の人、ホームヘルパー、家族にも遠慮して、手伝ってほしいことを言えないことがある。 ● 理学療法士より車いすの人が集まるサロンに誘ってもらうと興味を示している。 ● 愛猫がすべてを出せる、癒しの存在になっている。	**本人**	**【生物的なこと】** ● 入院した頃の状態の怖さから、筋力維持、体重増加に対して一生懸命になりすぎ、無理をしている部分もあるのではないか。 ● 外出することが気分転換のほかに体力づくりにもなっている。 ● 体調が整えば、活動しやすくなり気持ちも前向きになるのではないか。 **【心理的なこと】** ● なるべく母に迷惑をかけたくないために一人暮らしを考えているのではないか。 ● 自分の好きなことには、緊張しながらも自分で動けているのではないか。 ● 真面目な性格な分、「〜しなければならない」という気持ちが強く、他者に気持ちを伝えることなどへの緊張やハードルを上げてしまっているのではないか。 **【社会性・対人関係の特徴】** ● 高校時代に周囲となじめなかった経験が今も自信のなさにつながっているが、何とか克服したい気持ちがあるのではないか。 ● 経験がないが、料理や買い物を覚えたいという気持ちも強く、一生懸命なため、サポートがあればできるようになるのではないか。
		環境	● 仕事、家事、本人の介護と母にかかる負担が大きい。母の疲れている様子に、本人の遠慮があるため、母の負担を軽減することで、本人の気持ちも楽になるのではないか。 ● 家族の緊急時に対して、慣れない環境や人間関係では、不安感が強いと思われる。丁寧に本人の気持ちを確認しながら進めていく必要がある。

今回大づかみに捉えた本人像（100文字程度で要約する）
「私は、映画鑑賞が趣味で、気になる映画を見に行くことが楽しみです。そのためにも仕事も頑張りたいと思ってます。す。お母さんは仕事も家事もやってくれて、私の介助もするのは大変だと思うので、できることは自分でやったり、お

出典：近藤直司『医療・保健・福祉・心理専門職のためのアセスメント技術を高めるハンドブック 第2版──

		プランニング	
理解・解釈・仮説② （専門的アセスメントや他者の 解釈・推測）	支援課題 （支援が必要と作成者が 思うこと）	対応・方針 （作成者がやろうと思うこと）	
● リハビリテーション等で体を動かすことによって痛みの軽減になっているようだ。身体機能に見合った、ちょうどよい介護量（物理的、心理的）であれば、体の痛みの訴えも減少してくるかもしれない。（Jクリニック理学療法士） ● 自宅でより生活しやすいよう車いすの作りかえや床と便座の高低差を解消する福祉用具などがあるとよいが、住宅改修が必要となり踏み出せない状況である。（Jクリニック理学療法士） ● 本来であればやりたいと思っていることも、ホームヘルパーや家族に伝えることがハードルになり、踏み出せない気持ちがあるようだ。本人にとって負担にならない形での伝え方の工夫が必要。また"伝える"ということはいったん切り離し、気持ちや考えを整理していくことが大切。（Jクリニック理学療法士）	● 休日の外出や仕事に出勤できるような体調管理。 ● 一人暮らしをするためのスキルやイメージの確認。 ● 対人関係に自信をつける。 ● 家族の緊急時への備え。	● 医療機関との連携・情報の共有。 　→痛みの軽減について検討していく。 　→家族に頼らなくても外出できる方法を増やす。 　→体を温めるため、入浴時間を確保する。 ● 一人暮らしに必要な支援について把握する。本人と具体的なイメージを共有する。 　→面談をして一人暮らしに必要な費用や家事等について確認する。 　→実際に家事をする場をつくり確認する。 ● 家族以外とのかかわりをもつ。 　→母の負担軽減のためにも今まで母が行っていた介護を他者に支援してもらう。 ● 自宅以外で過ごせる場を探す。 　→短期入所先の見学・体験をする。	

いずれは家族と離れて自立しなくちゃいけないと思っています。そのときは愛猫と一緒に一人暮らしをするつもりで母さん以外の人にも手伝ってもらえたらと思ってます」

ケースレポートの方法からケース検討会議の技術まで』明石書店、42頁、2015. を一部改変により作成

サービス等利用計画案・障害児支援利用計画案

利用者氏名（児童氏名）	福井　みずき　様	障害支援区分	
障害福祉サービス受給者証番号	○○○○○○○○○	利用者負担上限額	
地域相談支援受給者証番号		通所受給者証番号	

計画案作成日	○年○月○日	モニタリング期間（開始年月）	

利用者及びその家族の生活に対する意向（希望する生活）	30歳くらいに一人暮らしを愛猫とともにしたい。筋力を維持しながら、将来体の痛みを抑え、今後入院をしないようにしていきたい。家族に何かあったと
総合的な援助の方針	身体的な筋力低下の防止や痛みの軽減を図りながら、本人が目指している自立人とのかかわりを増やし成功体験を積み上げることにより、生活能力を高め自
長期目標	将来の一人暮らしに向けて、家族以外とのかかわりを広げながら、料理や買い
短期目標	新たな支援者との関係を築きながら、健康面や介助方法についての共通認識を

優先順位	解決すべき課題（本人のニーズ）	支援目標	達成時期
1	体力をつけて、体の痛みを軽減したい。	通院先の医療スタッフと連携していきながら、痛みの軽減について検討していく。	継続
2	仕事を頑張りながら、休日には映画を見に行くなど外出を楽しみたい。	本人の趣味である映画鑑賞を中心に外出の機会を提供し、生活の楽しみを増やしていく。	継続
3	将来一人暮らしをするための準備をしていきたい。	料理や買い物の自立度を高めつつ、経験を積み上げることで自信をもってもらう。	3か月
4	家族に何かあったときに備えて、自宅以外で過ごせるようにしたい。	家族の緊急時にスムーズに自宅以外の場所で過ごせるようにする。	6か月

区分4	相談支援事業者名	A 相談支援センター
	計画作成担当者	○○○○

3か月（○月○日）	利用者同意署名欄	福井　みずき

自立するときのために家事を覚えたい。体調がよいときには、外出をしたい。（本人）
きの緊急時や将来のことを考え、準備をしていきたい。（母）

に向けた支援を行っていく。
信につなげていく。

物等の生活能力を高める。

もつ。

福祉サービス等 種類・内容・量（頻度・時間）	課題解決のための 本人の役割	評価 時期	その他留意事項
● J クリニック（理学療法）　月2回 体の痛みや装具の相談、機能維持の ための体操やストレッチなど ● 居宅介護・身体介護　月15時間 入浴支援	定期的に通院し、心配なことがあったら相談する。	6か月	
● 一般就労（パートタイム）　週3 日・9：00〜12：00 パソコン事務 ● 移動支援　月8時間 外出支援 ● レスパイトサービス　随時 外出先への車での移動	体調がよく、外出をしたいときには自分で予約を入れる。	6か月	
● 移動支援　月5時間 買い物 ● 身体介護　月15時間 調理支援 ● 相談支援　随時 自立に向けて相談支援・サービス調整	献立を考え、必要な食材をリストアップする。	3か月	
● 短期入所　月10日 家族の緊急時への備え、交流の場を広げる	短期入所事業所をいくつか見学してみる。	6か月	見学や体験は暖かい時期で体調をみながら設定。

サービス等利用計画案・障害児支援利用計画案【週間計画表】

利用者氏名（児童氏名）	福井　みずき　様	障害支援区分	
障害福祉サービス受給者証番号	○○○○○○○○○	利用者負担上限額	
地域相談支援受給者証番号		通所受給者証番号	

計画開始年月	○年○月○日

	月	火	水	木
6：00		起床		起床
8：00		朝食		朝食
10：00	起床	仕事	起床	仕事
12：00	移動支援 / 身体介護		昼食	
14：00	昼食	昼食		昼食
16：00				
18：00	身体介護		身体介護	
20：00		入浴 / 夕食		入浴
	夕食	夕食	夕食	夕食
22：00				
0：00	就寝	就寝	就寝	就寝
2：00				
4：00				

サービス提供によって実現する生活の全体像	医療機関を中心に連携・情報共有していくことで、筋力維持や痛みの軽減について検討する。痛みが解消い物など趣味の時間や活動の幅も広がっていく。緊急時に備えたサービスを導入することで、気持ちの受用によって、家族以外との関係性を築きながら、将来の自立に向けた支援が提供されていく。人とかかわりコミュニケーションのとり方を学ぶ期間にしていく。

区分4		相談支援事業者名	A 相談支援センター
		計画作成担当者	○○○○

金	土	日・祝	主な日常生活上の活動
起床			●毎週月曜日は移動支援で近所のスーパーへ買い物に行く。 ●毎週水曜日はホームヘルパーと一緒に昼食を作る。 ●火・木・金曜日は仕事に行き、パソコン事務をしている。 ●職場への送迎は母とレスパイトサービスを利用。 ●週末は家族と買い物や外食に行っている。 ●ストレス解消、癒しの時間は愛猫と遊ぶこと。
朝食			
仕事	起床	起床	
	昼食	昼食	
昼食			
			週単位以外のサービス
身体介護	入浴	入浴	●Jクリニック　月2回 ●移動支援（映画、買い物）月2回 ●レスパイトサービス（病院、その他外出時の送迎）随時 ●短期入所　月10日
	夕食	夕食	
夕食			
就寝	就寝	就寝	

されることにより、日々の活動がしやすくなり、気持ちも前向きになる。またそれによって外出の機会が増え、映画鑑賞や買け入れがスムーズにでき、"家族に何かあったとき"に対する心配を和らげることができる。さらに、居宅介護、移動支援の利

4 サービス等利用計画を作成する際の状況・ポイント

　本人は、脳性麻痺の二次障害による体の痛みが強く、特に寒い時期には痛みが毎日のように続くこともあり、夜も寝つけず寝不足の状態となることが多い。20歳のときには全身痛により2週間入院しており、当時は機能低下から寝たきりとなって、会話もできない状態となった。

　このことから、本人と両親は筋力維持や体重増加に気を使いながら生活している。また、現時点では漠然としているが、親の年齢や体力低下なども考え、少しずつ将来の自立に向けて意識し始め、料理や買い物の仕方を学んだり、家族以外の人との関係性を築こうといった意識をもち始めた。このため、将来の自立を目指したサービス等利用計画を作成していくこととなった。

　クリニック、リハビリテーションといった医療機関との連携をとりつつ、サービスの利用調整が必要で、F市とも協議し支援を開始することとなる。サービス等利用計画の作成にあたっては、理学療法士とのかかわりをホームヘルパーなどとも共有していく必要があり、モニタリング時などに理学療法士、作業療法士が入ることも予想される。また、計画相談支援における医療連携加算（医療・保育・教育機関等連携加算）の対象となることを確認する。

　新規サービス導入と気持ちを他者に伝えられない本人との関係づくりのため、当面は毎月モニタリングで調整することとなる。その後は様子をみながら、3か月ごとのモニタリング等を検討していく方向が確認された。

5 その後の支援

　1か月後、居宅介護の利用が開始され、複数のホームヘルパーとのかかわりが始まった。本人に緊張はみられたが、少しずつコミュニケーションがとれている様子であった。ホームヘルパーからは、時間内に終了するように本人が気を使ってくれていると報告を受ける。母は、ホームヘルパーによる入浴支援に助けられていることや、自分も本人を応援する視点で娘を支えたいと話している。

　居宅介護を利用して2か月後、相談支援専門員は「主治医に体の痛みを伝えたいが、緊張で頭が真っ白になる」と本人から相談を受けたため、メモをとるように勧めた。すると、相談支援専門員との面談時にもメモを準備し、希望が伝えられるようになった。本人から入浴する際、ホームヘルパーの介助方法に違いがあり、その都度伝えることが難しく、負担を感じていたため、理学療法士に介助方法のレクチャーを依

頼し、統一を図った。

　3か月後、ホームヘルパーとの料理は順調に進み、包丁も使えるようになった。また、冷蔵庫の中を見て献立を決めることにも挑戦していると報告があった。本人は家事だけでなく、これまで経験不足により自信がもてなかったが、料理を中心に経験が積み上がり少しずつほかのことにも自信がもててきている様子であった。

　6か月後、冬場を迎え、体の痛みが強くなるようであった。本人からは、体を温め、痛みを軽減するため、入浴時間を増やしたいという希望があった。身体介護の時間数を増やす検討もされたが、本人から「洋服を自分で準備する。自分の髪をドライヤーで乾かす」といった形で、まずは自分ができそうなことを考え、サービスの利用が限られたなかで時間を有効に使うこととした。ホームヘルパーと新しい経験を積むことで自信がもてていることから、短期入所事業所を3か所見学した。そのうえで設備面や職員、利用者の雰囲気から1事業所に絞り、体験利用をする予定である。

　その後、これまでの取り組みを自立支援協議会主催のセミナーで体験談として報告してもらうこととなった。痛みと付き合いながら自立に向けて取り組む様子の報告は、出席者からも高く評価され本人の大きな自信となった。

6　相談支援専門員は「ここ」に注目する！

・「30歳くらいに一人暮らししたい」という本人の漠然とした目標から支援を開始したため、相談支援専門員は一人暮らしのイメージをもてるようにサービス等利用計画を作成している。

・相談支援専門員は、本人が周囲へ遠慮していることや経験不足から、不安感や自信がもてない状況であると見立て、まずは周囲に意思を伝えられるようにしている。

・本人のストレングスとして、目標に向けて真面目に取り組むことができていることや、努力家でもあることから、それらをもとに成功体験を積み上げることを関係機関と共有し支援が進められた。この結果、事前準備をすることで意思が伝えられ、次の展開にもつながるという体験をし、モニタリングで共有している。

・家族には、本人の一人暮らしを応援するチームの一員としての役割を担ってもらっている。家族の介護負担の軽減という目的もあるが、こうした環境を設定することで、本人から周囲への遠慮も少しずつ解消していったと考えられる。

・自立支援協議会のパネリストという一歩踏み出す機会につなげられたことは、本人だけでなく、支援者にとっても大きな成功体験となった。今後も本人が主体的に動くことにより経験が積み上げられ、本人が一人暮らしに向けて具体的なイメージがもてるように家族やサービス提供事業者とチームでの支援の継続が求められる。

事例 3 本人の希望に寄り添いながら、地域でどのように生活するか考える

■ 大阪なつきさんと相談支援専門員とのかかわり

1 相談支援専門員がかかわるまでの本人の暮らし

　なつきさんは、M県にて3人きょうだいの第2子長女として出生。妹は幼少期に養子縁組に出されている。小学3年生のときに隣県のN市へ転居。小学5年生から親の弟夫婦である理髪店経営の叔父宅で生活する。兄とは別に暮らす。中学卒業後、勧められて理容学校へ進み、就職。16歳頃から元気がなくなり口をきかなくなった。話しかけても反応せず、教師も「明るかったのに急に変わった」というようになった。理容学校にも行かなくなり、その後、精神科病院に受診し、統合失調症と診断される。その後、2～3か月ほど入院したが、入院中も質問にほとんど答えられない状態であった。なお、退院後は外来につながらなかった。

　退院後、理容学校のインターンとして、理容室に勤めるが、動きが鈍く仕事にならないということで翌日から再入院となる。半年間入院し、退院後は定期的に外来受診し、母と同居しながら授産施設（当時）に通所していた。

　36歳のときに、授産施設の男性メンバーと結婚したが、3年後に離婚。離婚後に母

との生活を再開し、定期的に受診と通所をしていたが、時折言動がまとまらなくなることが増えたり、服薬が不規則になったり、動きが緩慢になったりしていた。ホームヘルパーによる居宅介護が開始されたが、依然服薬が不規則な状態は続き、その後、10年間に7回の入退院を繰り返す。49歳のときに母が肺炎のため長期入院となり、本人単身での生活は難しいと判断し、アパートを解約後入院継続となった。

これまでの本人の細かな生活など、支援の見立てに必要な詳細な情報については、病院の担当者も何人か変わってきているため、なかった。行政や地域支援機関のかかわりもこれまでなかった。本人も忘れてしまっていることも多かった。

2 相談支援専門員と出会うきっかけ（支援の始まり）

なつきさんは、これまで病院が中心の生活をしていた。今までの支援関係機関は病院が中心であり、入院前に利用していた居宅介護サービスについても精神科のソーシャルワーカーが主に調整をしていた。

入院継続となってから3年が経過した。入院加療は終わっているため退院が検討された。病院は症状が継続していることや入院を繰り返した経過から、支援が継続できるグループホームの利用を勧めた。ソーシャルワーカーの同行でグループホームを見学し、体験利用の日程を組んだ。すると体験前日に、本人が病室で首を吊ろうとしていた。病院スタッフは、本人がどのような環境であれば残存している症状と付き合いながら生活を送っていくことができるのか、地域における生活場面で本人と一緒に検討していくことが必要だと判断し、地域移行支援の利用が検討された。その後、精神科のソーシャルワーカーより相談支援事業所に連絡が入った。

病院での様子は、ベッド上で布団をかぶって寝ていることがほとんどだったという。服薬時も自分で薬を取りに行かず、看護師に持ってきてもらい、飲んでいた。退院に向けては、母の代わりともなっていた看護師長が激励してくれた。病院内では、本人に看護師が子どもを可愛がるようなかかわりをしていた。本人に心理的に近い距離のかかわりをして背中を押していかなければ、自分の意思を伝えたり、何かを決めることが難しいとのことがその理由だった。

相談支援専門員は精神科のソーシャルワーカーに紹介され、初めて本人に会った。本人の表情は硬く、キョロキョロしながらブツブツと独り言を言っていた。相談支援専門員が挨拶し自己紹介するが、視線が合わず、警戒をしている様子だった。相談支援専門員が退院に向けて協力ができることを伝え、退院についての気持ちを聞くと「あなたは誰なの⁉」「え？　退院⁉　したいですよ」と動揺するような様子でぶっきらぼうに返答をした。退院の意思は確認されたので、地域移行支援を開始することに

伴い、サービス等利用計画も作成することになった。

　家族は兄が他市（電車で1時間半程度の距離）に住んでいた。入院費の振り込みと月1回の面会のみで退院については病院に任せる、細かな支援をすることは難しいが、アパートなどの保証人にはなってもいいとのことだった。

3 支援の経過

　病院の関係者に、なつきさんについて聞き取るなかでわかったことは、本人のなかで「家族」は大きな存在であるということだった。家族で食卓を囲んでいた思い出が今も強く残っていて、またみんなで一緒に暮らし、両親、兄と食卓を囲むことが本人の一番の希望であった。

　離婚後の母との暮らしでは、家事を分担しながらいろいろな料理を教えてもらったとのこと。ブリ大根やシチュー、カレー、唐揚げ、煮卵など本人がよく作る料理は母に教わったメニューがほとんどである。母とはとても関係がよく、穏やかな生活だったとのこと。また、住まいはずっとアパート生活だった。

　利用したことがある授産施設では、軽作業をしたり、ケーキを焼いて通所者にふるまったりしたとのことであった。「ケーキ焼けましたよー」と、みんなに呼びかけ、自分が作ったものを「おいしい」と言って食べてくれるのがとてもうれしかったと話していた。

　本人が今までの生活を語るなかで、自分が作った料理とそれを「おいしい」と言って食べてくれる人の存在は欠かせないものである。料理を通じて人とつながりを感じたり、自分の役割を感じたりしていたのではないかと思われた。また、母から教えてもらった基本的な家事の方法は覚えているようだった。

　医療機関と相談した結果、関係づくりをかねて本人がいつも単独外出しているドラッグストアへの外出に相談支援専門員が一緒に出かけることから始めた。ごく短い時間、週1回外出支援を継続、徐々に外出時間を延ばした。本人は毎回、緊張している様子だったが、外出を拒否することはなく、3回目あたりからは笑顔も出てくるようになった。相談支援専門員は、支援者との関係がつくりやすい人という印象に変わった。

　ただし、外出時は、街中の音と幻聴が重なり、「今、馬鹿野郎って言った？」「私を捕まえにきたの？」と聞き、表情が硬くなっていた。このような状況がさまざまな場面でみられたため、支援開始の当初はこれだけ日常生活で症状が影響していて、アパート生活ができるのか相談支援専門員は不安を感じた。しかし、病院スタッフによると、外出後に状態悪化はなく一晩しっかり休むと回復できているとのことだったの

で、外出やアパート探しは継続することになった。外出を重ねていくと徐々に幻聴が少なくなり、場所や人に慣れていくことで症状が軽減していくことや、経験を積み上げることができるということを本人や医療機関と共有できた。

　症状は継続していたが、本人の退院したい希望は一貫していた。アパートを契約し、一人暮らしの準備を進めた。大きな買い物は「これ買ったらお兄ちゃんに迷惑かからない？」「これ買ったらあなた（相談支援専門員）大変なことになっちゃわない？」と不安になり、買い物ができないことも多かったが、好きな調理器具は自分から選んで買い進めることができた。大きい決断をするときに「周囲の人に迷惑がかかる」という妄想が出るものの、経験があることに関しては症状の影響を受けずに行動できていた。

　その後、外泊を開始した。自分で服薬をし、料理をして台所もとてもきれいに片付けることができた。本人と相談支援専門員が写真を見せながら口頭で報告したら、医療スタッフは驚いていた。一方、外泊から戻るといつものように布団にくるまり、服薬も自分で取りに来なくなるため、早く退院したほうがいいのではないかと主治医から提案があり、外泊開始1か月で退院となった。

一次アセスメント票
(情報の整理票)

作成者氏名	作成日
○○○○	○年○月○日

ふりがな	おおさか　なつき	性別	住所	(〒○○○－○○○○)
氏名	大阪　なつき	女性		○○○○○○○○○
生年月日	○年○月○日　52歳		連絡先	090-＊＊＊＊-＊＊＊＊

本人の要望・希望する暮らし、困っていること・解決したいこと

自分でご飯を作りながら生活していきたい。何か自分が楽しくて集中できることがあれば楽になるから、何かあればいいんだけど。いつもお母さんとお兄さんがちゃんとご飯を食べられているのか心配。

家族の要望・希望する暮らし、困っていること・解決したいこと

(兄) 月1回程度、妹と一緒に母を見舞い、一緒にご飯を食べて、美容院に連れていくことはこれからも続けていく。でも妹の生活を支えていくようなことはできないので、協力をお願いしたい。

希望する1日の流れ

本人

平日：｜起床・身支度｜買い物・塗り絵・洗濯・昼寝など｜料理・夕食｜入浴・服薬｜就寝｜

休日：｜起床・身支度｜買い物・塗り絵・洗濯・昼寝など｜料理・夕食｜入浴・服薬｜就寝｜

6　9　12　15　18　21　24　3

生活状況 [普通の1日の流れ]

本人

平日：｜起床・身支度｜デイケア｜料理・夕食｜入浴・服薬｜就寝｜

休日：｜起床・身支度｜買い物・塗り絵・洗濯・昼寝など｜料理・夕食｜入浴・服薬｜就寝｜

6　9　12　15　18　21　24　3

〔その他の1日の生活の流れ〕　※いくつかの1日の生活があれば、別紙に記入

本人

6　9　12　15　18　21　24　3

本人の概要　生活歴(病歴含む)

- M県で出生（0）
- N市に転居（9）
- 叔父の家で暮らす（10）
- 理容師として就職（15）
- 統合失調症を発症し入院（16）
- 男性メンバーと結婚（36）
- 離婚（39）
- ○病院入院中に母も入院（49）
- 地域移行支援開始
- 退院（52）

[ジェノグラム]

[エコマップ]

母　兄

主治医・精神科ソーシャルワーカー

訪問看護師

本人

デイケア

相談支援専門員

生活訓練

利用者の状況

項目	状況・意思			支援者の気づき	
	現状	本人の希望	本人の選好	記入者	記入者以外（専門的アセスメントを含む）

1　生活基盤・日常生活に関する領域

項目	現状	本人の希望	本人の選好	記入者	記入者以外
住環境	6畳1間の賃貸アパート	以前からアパート暮らしをしていた。「入院は嫌。アパートの一人暮らしを続けたい」「お兄ちゃんやお母さんと一緒に暮らしたい」	「できれば2口コンロがいいわね」昔からアパート住まいだった。	無駄なものはない。毎日布団も畳んでいる。周囲の音が幻聴のきっかけになるので、アパート生活の方が刺激が少なくて楽に過ごせる。	
経済環境	生活保護受給	働きたいけど、生活保護はこのままでいい。	無駄遣いはせず、貯金がある。	妄想の影響が少ないときに、適切な買い物ができる。	

2　社会参加に関する領域（教育、就労を含む）

項目	現状	本人の希望	本人の選好	記入者	記入者以外
趣味・旅行・レクリエーション	塗り絵、スクラッチアート、家事	「本当は出かけたりしたいけど、怖いのよ」		本来は外食や旅行は好き。	
当事者団体の活動	なし			ピアの院内プログラムの運営に加わることで本人の好きなことでできる時間場所が増えるのではないか。	
自治会への参加	なし				
その他各種社会的活動	病院デイケア。週4日、片道30分歩いて通っている。	いろんなことを言ってくる人がいるから疲れる。退院して1年が経ち、今の生活（日中活動がデイケアのみ）に物足りなさを感じている。	授産施設に通っていたときは、軽作業をしたり、ほかのメンバーにおやつを作ってふるまったり、いい思い出になっている。		
就労	なし	働きたい。でも簡単すぎる仕事は嫌。		程よい難しさの仕事や、人にご飯を作る仕事ができそう。	

3　コミュニケーションや意思決定、社会生活技能に関する領域

項目	現状	本人の希望	本人の選好	記入者	記入者以外
意思表明	関係性ができた人には思ったことは伝えられる。症状として表現されることも多い。			本来ははっきりできる人。	
意思決定	自分で決められる。症状として現れることも多い。			不安感を話し終わった後だと自分で意思決定しやすい。	
他者からの意思伝達の理解	症状の影響がなければ疎通は良好。			可愛い絵や写真を使って説明すると注意が向きやすい。	言葉のみでのアドバイスは、なかなか本人のなかに残らない様子。テーブルに「帰ってきたら薬を飲んでくださいね」「野菜を食べてくださいね」とポストイットを貼るようにしました。ポストイットに書いてから少し改善された印象。（訪問看護師）

コミュニケーションツールの使用（電話、FAX、パソコン、タブレット、インターネット）	携帯電話を利用。適切に利用できている。			短時間電話をすることで気持ちが落ち着くことがある。	
対人関係	穏やかな性格で人の好き嫌いがない。	結婚したい。		性格は明るくて穏やか。人の言葉を素直に受け取り、周囲からの励ましや「大丈夫だよ」という言葉を素直に受け入れる。人当たりがよく、誰とでもよい関係を築くことができる。	
屋外移動やその手段（長距離、遠距離）	徒歩のみ。	自転車乗れたらいろんなところ行けるのにね。		歩くことは苦ではない様子。	
金銭管理	1か月の予算内で自分で行っている。			使いすぎることはない、節約しがち。	

4 日常生活に関する領域

身辺のこと	自分で行っている。入院前は母と家事を分担しながら暮らしていた。			ゴキブリや虫はいてもあまり気にしていない。	
調理	カレー、シチュー、煮卵など得意料理がある。入院時の外泊中、料理をしているときはとても活動的だった。	野菜はたまに買うけど寒いし食べたくないの。	本人の定番料理を作る。	炭水化物や揚げ物が中心の食生活。家事をすることで本人の幻聴と妄想が軽減され、精神的安定につながる。	
食事	食事をすると周りに迷惑がかかると思う。デイケアの昼食は妄想で食べられない、夕食に好きなメニューを大量にとる。	食べないほうが精神的に楽なときがある。		夕食にまとめて食べることが多いので、糖尿病が心配。	血糖値がさらに高くなると精神疾患の治療のなかで主として使用している抗精神病薬を使うことができない。本人の生活能力を奪わずに、食事面をサポートしてほしい。（主治医）
入浴	1か月近く入らないことがある。	本当は入りたいんだけど音が心配でね。		「大丈夫」というかわいいメモを置いて行ったら入れた。	
清掃・整理整頓	床を拭き掃除する。書類はまとめておく。	トイレとお風呂掃除はあんまりやらないね。		料理の後片づけはいつも綺麗にしている。トイレ掃除など自分一人ではできない部分についての支援の受け入れは良好。	
洗濯	3日に1回程度自分で行う。			周りにタオルを巻いて、中が見えないように干す。	
書類整理・事務手続き	相談支援専門員が定期的な訪問で確認。	難しい書類はわからない。		わからない書類は放っておくことが多い。空き箱で郵便物をまとめる箱を作って整理している。	
	自分で行っている。食べ物を買うと「こ	「自分が食べ物を買ったら、世の中		本人のタイミングが大事。	

買い物	れを食べたら世の中の人が食べられなくなってしまうのではないか」と思って買えない・食べられないことがある。	の人が大変になるんじゃないかと思って辛い」いろいろ聞こえて辛いけど、自分で行きたい。			

5　健康に関する領域

体力	片道30分歩いて病院に行っている。	歩くのは嫌じゃないです。	自転車乗れるといろいろな所に行けるわよね。	体力は問題ない。	入院中はウィンドウショッピングを楽しんでいた。
健康状態	糖尿病の予備軍。妄想や幻聴は継続しており、アパートの物音や人の話し声が幻聴のきっかけになる。行動に影響することもある。自分の集中できることや楽しいことをしていると症状が軽減される自覚はある。	糖尿になるのは嫌よ。ちょっと痩せなきゃ。	自分の集中できることや楽しいことをしていると症状が軽減される自覚はある。	定期的に声かけをすれば野菜をとることを意識できる。幻聴や妄想がきっかけで不安になっているときは、話を聞いて「大丈夫」と伝えると落ち着く。	ヘモグロビンA1cが正常値ギリギリの値。食生活の改善をする必要あり。(主治医)週1回の体重測定を行っている。(訪問看護師)病識をもつのは難しく、怠薬傾向は今後も継続する。陽性症状が残存し、常に妄想や幻聴がある。睡眠や服薬が十分であれば、妄想や幻聴を受け流すことができている。(主治医)
医療機関利用状況	週1回精神科受診。週5日訪問看護で服薬確認。就寝前の服薬1回のみ。飲み忘れると3〜4日間ハイテンションの状態が続く。	「病院に行ったら世の中の人が大変になるんじゃないかと思って辛い」		病識は薄い。服薬の必要性は感じていないが、服薬の促しは素直に受け入れる。	表情が強張ってきたり「死ぬしかない」といった発言が出て、切迫感が強くなってきたときは1週間ほどの休息入院を勧める。(主治医)
医療費・健康保険	生活保護受給	希望なし			
障害	統合失調症	薬飲まなくなったほうが普通の人になれる?			

6　家族支援に関する領域

兄	他市在住。本人宅から電車で1時間半ほどかかる場所に住んでいる。月1回程度本人と会い、母のお見舞いに本人と一緒に行く。	(本人)お兄ちゃんとお母さんと一緒に住みたい。		兄が元気か、ご飯を食べられているかいつも心配している。兄の声の幻聴がよく聞こえている。	
母	本人宅から歩いて20分の療養病院に入院している。胃ろうもあり退院は困難。	(本人)お母さんがこれからどうなっちゃうのか心配。			
叔父・妹	叔父、妹とのやりとりは現在ない。	どうなっちゃってんのかわかんない。			

対応者所見のまとめ

統合失調症の陽性症状が残存し、妄想や幻聴が常にありながらも、家事を行い生活を営んでいくことが本人の活力となっている。

陽性症状が常にあるため、程度によっては本人の行動に影響が出ることもあるが、本人の不安を汲みながら安心感を感じられるような対応をしたり、本人が楽しめたり集中できる環境設定によって、意思決定をしたり活動することができる。

ニーズ整理票

インテーク		アセスメント
	情報の整理 （見たこと、聴いたこと、データなど：事実）	理解・解釈・仮説 （作成者の捉えかた、解釈・推測）

本人の表明している希望・解決したい課題	（作成者の）おさえておきたい情報		理解・解釈・仮説
●自分でご飯を作りながら生活していきたい。 ●何か自分が楽しくて集中できることがあれば楽になるから、何かあればいいんだけど。 ●働きたい。 ●いつもお母さんとお兄さんがちゃんとご飯を食べられているのか心配。	●入院前は母と家事を分担しながら暮らしていた。 ●入院中はほとんどベッドで寝て過ごしていたが、自宅に外泊し、料理をしているときはとても活動的だった。 ●家事をしていると幻聴と妄想が軽減される。 ●周囲の音が幻聴のきっかけになるので、アパート生活のほうが刺激が少なくて楽に過ごせる。 ●週4日、病院のデイケアに片道30分歩いて通っている。 ●食べ物を買ったり、食べたりしようとすると「これを食べたら世の中の人が食べられなくなってしまうのではないか」と思って買えない・食べられないことがある。 ●幻聴や妄想がきっかけで不安になっているときは、話を聞いて「大丈夫」と伝えると落ち着く。 ●授産施設に通っているときは、軽作業をしたり、ほかのメンバーにおやつを作ってふるまったりしていた。「みなさんできましたよ〜」と言っておやつを出したことがよい思い出になっている。 ●簡単すぎる作業ではなく、少し自分で考えるような作業のほうが好き。 ●自分の集中できることや楽しいことをしていると症状が軽減される自覚はある。 ●退院して1年が経ち、今の生活（日中活動がデイケアのみ）に物足りなさを感じている。 ●兄は本人宅から電車で1時間半ほどかかる場所に住んでいる。 ●兄は月1回程度こちらに来て、母のお見舞いに本人と一緒に行く。 ●母は療養病院に入院している。胃ろうもあり退院は困難。 ●本人は家族みんなで一緒に暮らしたいという気持ちはずっともっている。 ●本人の性格は明るくて穏やか。 ●他人の言葉を素直に受け取り、周囲からの励ましや「大丈夫だよ」という言葉を受け入れる。 ●トイレ掃除など自分一人ではできない部分についての支援の受け入れは良好。 ●アパートの物音や、他人の話し声が幻聴のきっかけになる。 ●病識は薄く、服薬の必要性は感じていない。現在は就寝前の服薬1回のみ。飲み忘れると3〜4日間ハイテンションの状態が続く。	本人	【生物的なこと】 ●統合失調症の陽性症状が残存しているが、集中できることや楽しいと思えることに取り組むことで症状が軽減する時間を増やすことができるのではないか。 ●怠薬傾向については、支援者の定期的な訪問によって服薬をサポートしていくことで病状の悪化は防げるのではないか。 【心理的なこと】 ●家族と一緒に暮らせないことに寂しさを感じているため、みんなにおやつをふるまったりするような家庭的な雰囲気がある活動だと充実感につながるのではないか。 ●家事をすることは大好きな家族・母とのつながりを感じることにつながるのではないか。 ●自分の役割を実感できる場所だとやりがいを感じられるのではないか。 【社会性・対人関係の特徴】 ●誰とでも良好な関係を築けるので、働く場所を探していく際も新しい集団に入っていくことは抵抗なくできるのではないか。 ●体力はあるので、今よりも活動量を増やすことは可能ではないか。
		環境	●「働きたい」という思いは、本人がどんな環境でどんなことをしていることを示しているのか確認していく必要がある。 ●本人が妄想からくる不安感を訴えてきたときや、本人の不安な気持ちを汲んだうえで「大丈夫」「何かあったらすぐ連絡して」など、絶対大丈夫だよと言い切るような声かけをすることで、本人も自分の不安感を受け流しやすくなるため、表面化される症状に対応するのではない理解ある人的環境を広げることが必要。 ●兄の協力が本人と母の関係継続につながっている。

今回大づかみに捉えた本人像（100文字程度で要約する）

病院はうるさいから、やっぱり暮らし慣れたアパートで生活するほうが静かでいいわね。本当はお母さんとお兄ちゃら、そこは手伝ってほしい。でも料理は自分の楽しみだから自分でやりたい。ふるまって喜んでもらったときはうれしらない!?

出典：近藤直司『医療・保健・福祉・心理専門職のためのアセスメント技術を高めるハンドブック　第2版——

		プランニング
理解・解釈・仮説② （専門的アセスメントや他者の解釈・推測）	支援課題 （支援が必要と作成者が思うこと）	対応・方針 （作成者がやろうと思うこと）
● 主治医より 病識をもつのは難しく、怠薬傾向は今後も継続すると思われる。陽性症状が残存していて、常に妄想や幻聴がある。よく眠れているときや服薬ができている状況であれば、妄想や幻聴を受け流していくこともできるが、表情が強張ってきたり「死ぬしかない」といった発言が出て、切迫感が強くなってきたときは1週間ほどの休息入院を勧める。 先日の血液検査で、ヘモグロビンA1cが正常値ギリギリだった。退院してからの1年間で10kg体重が増加しているので、食生活の改善をする必要がある。現在の主剤は、本人に合っているが、血糖値がこれ以上高くなると使うことができなくなってしまう。 本人の生活能力を奪わずに、食事面のサポートをしてもらいたい。 ● 訪問看護師より 症状の影響もあり、服薬をすることによって関係妄想が広がることもある。 体重の増加については、週1回の体重測定を行っていく。 これまでは言葉のみでのアドバイスだったが、なかなか本人のなかに残らないのでテーブルに「帰ってきたら薬を飲んでくださいね」「野菜を食べてくださいね」とポストイットを貼るようにした。ポストイットに書いてから少し改善された印象。	● 本人がもっている生活していく力を活かしながら、本人だけでは手が届かない部分のサポートをしていく支援。（現状では野菜を食べられる食事作り、お風呂とトイレの掃除が必要であるが、当面は生活訓練の訪問で本人と行っていく） ● 症状に対して本人の取り組み設定や理解する声かけができる人的な環境設定。医療との連携。服薬のサポートは継続して必要。 ● 本人が楽しみながら取り組める活動先の検討。	〈ニーズ〉 一人でできないことは手伝ってほしい。 ↓ 〈対応・方針〉 定期的な訪問（週1回～）で本人の状況をこまめに確認する。 各機関の情報共有を丁寧に行い、対応や方針の再検討がいつでもできるようにする。 〈ニーズ〉 自分が好きなことや集中できることを楽しみながら、一人暮らしを続けたい。 ↓ 〈対応・方針〉 本人がやりたい活動ができる機会や場所を見つけていく。 〈ニーズ〉 母や兄と暮らしたい ↓ 〈対応・方針〉 毎日本人なりの生活を続けていく。生活を継続していける支援を継続し、母や兄に会う機会を続けていけるようにする。

んと一緒に暮らしたいけどね。いつもちゃんとご飯は食べられているのかな。ゴミの分別とかわからないことも多いかかった。薬は飲まないほうがいいのかな、でも入院になっちゃうから飲んでます。でも、薬を飲むとみんなに迷惑かか

ケースレポートの方法からケース検討会議の技術まで』明石書店、42頁、2015. を一部改変により作成

サービス等利用計画案・障害児支援利用計画案

利用者氏名（児童氏名）	大阪　なつき　様	障害支援区分	
障害福祉サービス受給者証番号	○○○○○○○○	利用者負担上限額	
地域相談支援受給者証番号	○○○○○○○○	通所受給者証番号	

計画案作成日	○年○月○日	モニタリング期間（開始年月）	

利用者及びその家族の生活に対する意向（希望する生活）	（本人）病院はうるさいから、やっぱり一人暮らしのほうが静かでいい。本当はお母さんとお兄 手伝ってほしい。自分が楽しくて集中できることがあれば楽になるから、それがあればいいん （兄）月1回程度、妹と一緒に母親の見舞い、一緒にご飯を食べて、美容院に連れていくことは
総合的な援助の方針	一人暮らしのなかで本人ができていることとつまずくところを整理しながら、
長期目標	お母さんのお見舞いに行きながら、一人暮らしを続けたい。（1年）
短期目標	料理を楽しみながら、アパート生活に慣れていく。（6か月）

優先順位	解決すべき課題（本人のニーズ）	支援目標	達成時期
1	自分が好きなことや集中できることを楽しみながら、一人暮らしを続けたい。	病状の安定を図りながら医療のサポートを行う。	1年
2		服薬管理や日々の体調の変化を確認したり、日常の不安を傾聴していく。	1年
3		興味あることに楽しく取り組める場所や方法を検討していく。	1年
4	一人でできないことを手伝ってほしい。	本人が一人ではやりきれない部分（トイレ掃除など）を、訪問時に一緒に取り組み練習していく。	1年
5		定期的に訪問しながら本人の体調を確認し、関係者で情報共有をする。困りごとの解決をお手伝いする。	1年
6	お母さんとお兄ちゃんと仲良くしたい。	頑張って生活している姿を見て応援してもらう。	1年

区分4	相談支援事業者名	B相談支援センター
0円	計画作成担当者	○○○○

1か月（○年○月）	利用者同意署名欄	大阪　なつき

ちゃんと一緒に暮らしたいけどね。自分でご飯を作りながら生活していきたい。ゴミの分別とかわからないことも多いから、だけど。薬は飲まないと入院になっちゃうから飲んでます。
これからも続けていく。でも妹の生活を支えていくようなことはできないので、協力をお願いしたい。

支援の量を調整していく。医療と連携をとりながら、一人暮らしが継続していけるよう支援を行う。

福祉サービス等 種類・内容・量（頻度・時間）	課題解決のための 本人の役割	評価 時期	その他留意事項
●○病院　毎週火曜日通院 ●デイケア　月火木金曜日　11：00 　　～15：00	眠れないことや、不安な気持ちが強くなっているなど体調の変化があったときは相談する。	1か月	料理、塗り絵、スクラッチアートが好き。 以前授産施設を利用していたときは料理を作ってふるまっていた。 デイケア食は妄想でとれないことがある。
●訪問看護 　月水土曜日　16：00～17：00 　服薬確認 　木金曜日　10：00～11：30 　服薬確認、デイケア送り出し ●地域定着支援　必要時、月1回定期		1か月	薬を飲まないほうが普通になれるかな？　っていう気持ちがある。必要と言われることには納得する。
●相談支援専門員が適宜行う。	やってみたいこと、関心があることを伝える。心配なことは伝える。	1か月	料理、塗り絵、スクラッチアートが好き。 以前授産施設を利用していたときは料理を作ってふるまっていた。
●自立生活援助 　内容：定期訪問による状況確認 　量：週1回～（月曜日）9：00～ 　　10：00 ●地域定着支援　必要時、月1回定期	手伝ってほしいことや一人では難しいことがあれば相談して一緒に行う。	1か月	基本的には自分のペースでやっていきたい気持ちがある。
		1か月	症状が出るときは「大丈夫」って言ってほしい。
●兄、月1回 　美容院に連れて行ってくれる。 　一緒に母の面会に行く。	これまでどおり毎日の生活を相談しながら送る。 家族の心配なことは相談員に伝える。	3か月	母に伝えたいことなど相談員と一緒にまとめたりすることができる。

サービス等利用計画案・障害児支援利用計画案【週間計画表】

利用者氏名（児童氏名）	大阪　なつき　様	障害支援区分	
障害福祉サービス受給者証番号	○○○○○○○○	利用者負担上限額	
地域相談支援受給者証番号	○○○○○○○○	通所受給者証番号	

計画開始年月	○年○月○日

	月	火	水	木
6:00				
8:00				起床・身支度・朝食
10:00	自立生活援助	通院		訪問看護
12:00	デイケア	デイケア		デイケア
14:00				
16:00	訪問看護		訪問看護	
18:00				
20:00				夕食・服薬・入浴（3日に1回程度）
22:00				
0:00				
2:00				就寝 （睡眠リズムが整わないことが多く、1日3〜4時間）
4:00				

サービス提供によって実現する生活の全体像	症状が継続してるため、食事や買い物が十分にできないこともあり大変だが、自分のペースで行うことが毎日必要なときに相談や確認ができる環境と医療との相談もしやすい連携を行う。 自分のできることややり続けたいことを応援しながら、もっとやってみたいこと（働くことなど）も少し 月1回は家族と会う時間をもって、元気な姿を見てもらう。

区分4	相談支援事業者名	B 相談支援センター
0 円	計画作成担当者	○○○○

金	土	日・祝	主な日常生活上の活動
			●○年○月○日に退院。
			●退院後は週5日訪問看護、毎週火曜日に受診。
			服薬管理等医療的サポートを行う。
			●家事
			これまでの経験もあり外泊中も一人で調理等行うことができていたため、居宅介護のサービスは入れていない。
			●調理
訪問看護			行うことが本人の楽しみにもなっているため、サービス導入はしていない。
			朝食は買ったパンを食べたり、味噌汁を作ったりしていて、夕飯は調理を行いたいとのこと。
デイケア			●ゴミ捨てや買い物など
			生活を送りながら練習していくために自立生活援助にて支援。
			週単位以外のサービス
	訪問看護		●地域定着支援
			緊急必要時と定期の月1回訪問。
の睡眠が続くこともある)			

楽しみや安定につながっている。見守りやアドバイス中心の支援で自分でできることを応援する。

ずっ一緒に考えていく。

　地域移行支援の開始後1年の53歳のときに退院となったため、サービス等利用計画を再作成した。当初は「退院するために何を支援していくか」を軸に計画を作成したが、今回の再作成では「本人がもっている生活能力を発揮しながら、アパート生活を送っていくために何が必要か」という軸で作成した。退院前のケア会議では、退院時から居宅介護サービスを導入して、料理や掃除の支援が検討された。しかし、外泊時の本人の様子から「家事を行うことは本人の活力になり精神的安定にもつながる」と考え、退院後は自立生活援助にて、①通院など生活の細かな部分の確認、②郵便物の整理やゴミの分別など苦手な家事を一緒に行う、の2点をポイントとして支援することとした。「経験を積み上げることができる」という強みに着目し、アパートで暮らしていくという方針で退院後のサービス等利用計画を作成した。

　一方、「薬飲まないほうが普通の人になれるよね？」といった発言は継続していたことや、3年という入院期間から、最初は医療スタッフとの接点の多い環境をつくったほうがよいという主治医の意見を踏まえ、訪問看護を週5日導入した。また、一人でいる時間が長く、行うことがないため、主治医からデイケア利用を勧められた。

　本人も、他人からいろいろ言われるのは疲れるという思いもある一方、一人でいることは寂しいと感じていたことや、授産施設に通っていたとき料理をふるまったのは楽しかった思い出であること、塗り絵やスクラッチアートができる機会があると楽しいとの希望もあり、利用することとなった。本人による積極的な選択の機会であるが、みんなに迷惑がかかるのではないかといった妄想につながるため、見学と最初の通所日は相談支援専門員が同行した。デイケアまで歩いて行き、創作や料理のプログラムに参加した。帰り道のスーパーで買い物をして帰宅し、夕方に訪問看護師が訪問して服薬と体調の確認をし、その後自分で食事の準備をする1日の流れになった。

5 その後の支援

　退院後、本人は「やっぱりアパートがいいわよ。ざわざわしないもの」と話した。入院中は、周囲の音が自分の幻聴に重なってうるさかったと話した。

　家事は本人の活力になった。料理をしながら「これお母さんとよく一緒に作ったのよ」と思い出をうれしそうに話した。常に幻聴は聞こえているが、家事をしていると母とのつながりを感じられ、症状に捉われず、楽に過ごせていた。買い物では、これを買ったら周りの人に迷惑がかかるという幻聴や妄想に発展し何も買えないことも

あった。買えない日が続くこともあったが、幻聴の影響が少ないタイミングで買いに行くこと、買えない時期は買い置きのインスタントラーメンに入れる具材を変えて料理を楽しんでいることもわかった。実際は、本人の幻聴や妄想が行動に大きく影響していたが、症状の波に合わせて生活を送る力があることもわかった。

日にちが経過すると部屋の汚れが目立ち始め、ゴミの分別やお風呂・トイレの掃除は苦手なことがわかった。一緒に行うなかで徐々に本人なりのやり方を身につけられたこと、「きれいになったわねぇ。きれいなほうがいいわね」と本人自身も掃除を行うことに充実感がある様子だったため、見守りながら時折支援する形を継続した。

症状が強くなるときはすぐに状態悪化と捉えず、本人や医療関係者も交え、情報共有を行い、対応を検討した。疲れが溜まり症状が強くなったときは、1週間程度の休息的な入院もできることを主治医は提案した。徐々に本人に合った支援体制やかかわり方のコツをつかむことができてきた。

兄は月1回程度、本人宅に訪ねてきて、美容院や母の面会に連れて行ってくれたりした。兄も本人なりに暮らしている様子を喜んでいるようである。

6 相談支援専門員は「ここ」に注目する!

・相談支援専門員は本人の希望であるアパートでの暮らしに向け、「本人ができること、やりたいこと」を軸に調整した。特に家事やアパートの生活は本人が大切にしている家族につながるものであり、それらを軸に調整を図った。

・医療機関と連携し、実際の生活場面で見立ての機会(同行や外泊時の訪問)を繰り返した。アセスメントを行いながら人物像を掴み、同時に関係性の構築を行った。

・相談支援専門員が主に生活支援を行うこと(具体的には相談支援専門員の行う自立生活援助)とアセスメントを並行し、サービスの調整につなげた。

・退院後の医療機関との連携も、相談支援専門員が継続した。退院した後、急に環境が変わりすぎないよう、最初は医療サービスを多く調整したうえで、症状が強い際の理解や対応を共有し、サービス等利用計画の「その他の留意事項」に記入している。

・支援者と本人がサービス等利用計画を通じて方向性を共有し、同じ対応ができる環境をつくることで、症状があっても、本人も支援者も必要以上に不安にならず、地域の生活が継続していくことを後押ししている。医療と福祉のつなぎ役を相談支援専門員が果たしている。病状に対する支援と生活に対する支援を連動させることで、本人も地域支援者も安心して生活と支援を継続できる。

▶ 就労への移行支援

事例 4 尚美さんが「働きたい」と言う 背景を捉え今後の生活を考える

■ 鶴ヶ島尚美さんと相談支援専門員とのかかわり

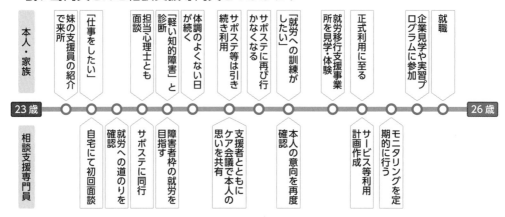

本人・家族

| 妹の支援員の紹介で来所 | 「仕事をしたい」 | 担当心理士とも面談 | 「軽い知的障害」と診断 | 体調のよくない日が続く | サポステ等は引き続き利用 | サポステに再び行かなくなる | 「就労への訓練がしたい」 | 就労移行支援事業所を見学・体験 | 正式利用に至る | 企業見学や実習プログラムに参加 | 就職 |

23歳 ○─○─○─○─○─○─○─○─○─○─○─○ 26歳

相談支援専門員

| 自宅にて初回面談 | 就労への道のりを確認 | サポステに同行 | 障害者枠の就労を目指す | 支援者とともにケア会議で本人の思いを共有 | 本人の意向を再度確認 | サービス等利用計画作成 | モニタリングを定期的に行う |

1 相談支援専門員がかかわるまでの本人の暮らし

　尚美さんは、P市にて出生。幼馴染もいて、小学6年生までは楽しく過ごしていた。中学校に入ると学校になじめないながらも2年生までは仲のよい友人もいたが、同級生から嫌がらせを受けることもあり、校内の相談室に通うようになった。しだいに勉強にもついていけなくなっていった。

　中学卒業後、1年ほどは人目のない夜にしか外出ができない状態だった。「自宅にずっとひきこもるわけにもいかない」という父の勧めで、父の友人の会社に2〜3年、手伝いをしに行っていたこともあった。その後、アニメや漫画の専門学校に通うが、教室内に暴れる男性がいて怖くなって行けなくなってしまい、「人とのかかわりをもとう」と思って都内でアルバイトをいくつか行っても、仕事をこなしきれなかったり、上司から理不尽に怒られたりしたため、いずれも短期間で辞めている。時々、ハローワークに行くことはあるが、面接などの具体的な活動はしていない。

　アニメや漫画を見るのが好きで、自宅でもずっとアニメを見て過ごしており、専門

店で自分の好きなアニメグッズを購入している。アニメや漫画、趣味のためにもっとお金を使いたいという願いをもっている。

　幼い頃から体調を崩すことが多く、現在まで毎日のように頭痛があり、ときには薬を飲んでも吐き気が止まらないこともある。医師に自分の症状を説明することや病院の雰囲気が苦手で、受診はせずに市販薬で対応することが多い。

　知的障害のある妹とは仲がよく、よく出かけたり、家事を分担したりしている。また、今後、妹が就労をすることについては「忙しくて家事の分担ができなくなるかもしれない」と話している。

2 相談支援専門員と出会うきっかけ（支援の始まり）

　妹（療育手帳を所持）の支援を行っていた障害者就業・生活支援センターからの紹介で相談支援事業所につながった。就労に向けて相談先を探している、とのことであった。障害者手帳も持っておらず、どこの支援にもつながっていないため、関係機関から、事前の情報はほとんどなかった。

　自宅にて初回面接を行ったときには、対人関係が苦手と言いつつも、生活歴についての質問には比較的淡々とした様子で返答した。

　就労を考えたきっかけの一つは、父がマンションの購入手続きを進めるなかで、父以外の給与明細が必要になるかもしれないと言われたことからとのこと。翌月や翌々月には給与明細が必要とのことであったが、就労準備性（働くことについての理解・生活習慣・作業遂行能力や対人関係のスキルなど基礎的な能力）が低く、日程的にも難しいことは本人も理解していた。

　妹は同席していたが、時折発言をするのみであった。本人と両親の関係性は悪く、「喧嘩をしていて、（父は）週1回しか家に帰ってこない」とのことだった。父は仕事が忙しく、ほとんど自宅に帰ってこないとのことだったが、支援者からの連絡には応じてくれる。翌月や翌々月の給与明細の取得が難しいことについては父も理解しており、本人のペースに合わせて仕事ができるようにしてほしいという意向が確認できた。母は少し気持ちが不安定なところがあり、理由はわからないが夜遅くまで帰ってこない日も多い。娘の進路や状況には両親ともに興味を示さず、顔を合わせてもほとんど話をしない。家事は本人と妹が手分けして行っているが、本人の体調が安定しないため、妹の負担が大きくなっているようだった。

3 支援の経過

　初回面接にて、就労の意欲はあるが頭痛などの体調面や他者とのかかわりに不安があり、就労に必要な力が身についているのかまだ判断が難しいとのことだったので、まずはどんな力が必要か確認することを提案した。また、療育手帳の取得については本人と父で相談をしており、すでに知能検査の予約を行っていたこともわかった。

　2週間後に若者サポートステーション（以下、サポステ）へ相談支援専門員が同行した。説明を受け、登録を希望した。まずは、場に慣れるために担当の心理士との面接を重ね、可能であればパソコン等のプログラムに参加してみることを目標とする。

　その後の知能検査で「軽い知的障害」と診断された。医師からは就労前の訓練を勧められ、条件が整えば一般就労も可能ではないかと助言があったが、本人は「物事を覚えるのが難しいので障害者雇用での就労をしたい」と言っていた。「障害がある」と言われたことについては「びっくりしたが、前からそうかなぁと思うふしはあった」と受けとめている。医師からの助言もあり、本人も体力をつけること、体調を整えること、自分に合った仕事を考えるためにも訓練は必要と考えるようになった。

　2か月の間、サポステでは面接を何回か行ってきたが、プログラムには入れなかった。相談内容としては、「体調が悪い」ことが主となっていたため、生理の影響が大きいと思い、婦人科の受診を検討したが、一人では行けないとのことだった。

　支援を開始してから2か月目に今後の目標と役割分担を確認するために、本人、サポステの担当者、障害者就業・生活支援センターの支援員と相談支援専門員にて支援会議を開いた。

　その後、マンションも購入し、引っ越しを控えていたが、本人の体調が安定しないことや急激な環境の変化が苦手なため、無理をしないで取り組めるようなペースを意識することを支援者で共有した。

　また、就労に向けて、「体調不良（慢性的な頭痛・生理時の腹痛）改善のための受診」と「療育手帳の取得」を並行して行い、その後、訓練を経て就職を目指すことを目標とした。

　サポステでは引き続き、心理士との面接にて対人課題の検討やプログラム参加を通して適性の検討を行った。障害者就業・生活支援センターでは療育手帳の取得手続きの支援、訓練についての情報提供、脳神経内科への受診同行。障害者就業・生活支援センターでは就労支援をするというそれぞれの役割分担についても確認した。

一次アセスメント票
(情報の整理票)

作成者氏名	作成日
○○○○	○年○月○日

ふりがな	つるがしま　なおみ	性別	住所	(〒○○○－○○○○)
氏名	鶴ヶ島　尚美	女性		○○○○○○○○○○○○
生年月日	○年○月○日	25歳	連絡先	090-＊＊＊＊-＊＊＊＊

本人の要望・希望する暮らし、困っていること・解決したいこと

「働いてお金を稼ぎたい」「アニメや漫画といった趣味にお金を使いたい」「将来の生活のためにお金が稼げるようになりたい」「体調を整え、少しでもよくなりたい。この家に住み続け、妹と協力しながらやっていきたい」

家族の要望・希望する暮らし、困っていること・解決したいこと

「無理はしてほしくないが、長く働いてほしい」

希望する1日の流れ

本人

生活状況［普通の1日の流れ］

本人

〔その他の1日の生活の流れ〕　※いくつかの1日の生活があれば、別紙に記入

本人

本人の概要	生活歴（病歴含む）

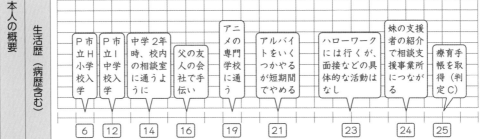

P市立H小学校入学 6 ／ P市立I中学校入学 12 ／ 中学2年時、校内の相談室に通うように 14 ／ 父の友人の会社で手伝い 16 ／ アニメの専門学校に通う 19 ／ アルバイトをいくつかやるが短期間でやめる 21 ／ ハローワークには行くが、面接などの具体的な活動はなし 23 ／ 妹の支援者の紹介で相談支援事業所につながる 24 ／ 療育手帳を取得（判定C） 25

［ジェノグラム］　　　　［エコマップ］

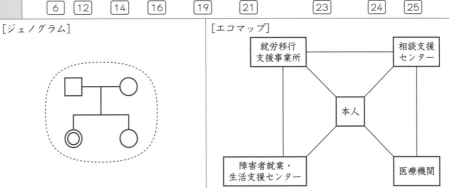

利用者の状況

項目	状況・意思			支援者の気づき	
	現状	本人の希望	本人の選好	記入者	記入者以外（専門的アセスメントを含む）

1　生活基盤・日常生活に関する領域

項目	現状	本人の希望	本人の選好	記入者	記入者以外
住環境	駅から徒歩3分の新築マンション。	この家に住み続けたい。	今は単身生活する気がない。		
経済環境	必要に応じて父からもらう。	将来的な生活費は自分で稼ぎたい。		生活にかかる費用は理解している。	

2　社会参加に関する領域（教育、就労を含む）

項目	現状	本人の希望	本人の選好	記入者	記入者以外
趣味・旅行・レクリエーション	アニメや漫画を見るのが好き。自宅でもずっとアニメを見て過ごしている。	アニメや漫画のためにもっとお金を使いたい。	専門店でアニメグッズを購入している。	妹以外の人と出かけることはほとんどないが、アニメグッズだけは別。以前は、アニメや漫画の専門学校に通っていたこともある。	
当事者団体の活動	参加していない。	避けたい。		集団や新しい人間関係は苦手。	
自治会への参加					
その他各種社会的活動					
就労	就労経験はあるが、いずれも人間関係を理由に長続きしていない。慣れるのに時間がかかり、休んでしまう。心因反応で体に出てしまう。	趣味のために自分で稼いだお金を使いたい。将来の生活のためにお金が稼げるようになりたい。	体力に自信がないため、事務系の仕事を希望している。パソコンは基本的な操作はできるが、好きではない。	「稼ぎたい」「趣味にお金を使いたい」と就労の意欲は高い。体調は職場の環境から受ける影響も大きいため、配慮が必要と思われる。	新しい環境で緊張をしてしまう可能性はあるが、本人の希望する仕事環境は相談できる。通所が安定すれば就職はできると思われる。（障害者就業・生活支援センター）

3　コミュニケーションや意思決定、社会生活技能に関する領域

項目	現状	本人の希望	本人の選好	記入者	記入者以外
意思表明	自分の意思を伝えることはできる。不安が強いときは声が小さかったり、話すまでに時間を要することがある。	「ハキハキと喋れるようになりたいとは思うんですけど…」		慣れるまでは自分の考えをはっきりとは表明し難いが、関係性がとれてくれば本人からも相談することができる。	
意思決定	自分でできる。			人の意見も参考にできる。	
他者からの意思伝達の理解	まれに異なる理解をすることがある。			わからないときは確認することができる。	
コミュニケーションツールの使用（電話、FAX、パソコン、タブレット、インターネット）	スマートフォンを使用しているが、妹に教わっている。			電話は問題ない。新しいことは自主的には取り組まない。	
対人関係	個人でも集団でも問題なくコミュニケーションがとれている。	相手がどう思っているか不安。	あまり好んでかかわりたいとは思わない。	慣れるまでは緊張感が強いが、慣れれば雑談もできるようになる。	
屋外移動やその手段（長距離、遠距離）	知っている場所や1回練習をすればたどり着ける。	「（電車やバスに）乗れるのは乗れます」		行き先表示を理解できていなかった。	

金銭管理	自己管理できている。			趣味に使いすぎることはない。	

4　日常生活に関する領域

身辺のこと	自分でできている。			季節に合った服装ができている。	
調理	簡単な調理ならできる。	自分でやることはほとんどない。	食事は妹が作ることが多い。		
食事	偏りすぎることもなく、食事できている。		出来合いのものを買ってくることも多い。		
入浴	自分でできる。			整容は保たれている。	
清掃・整理整頓	片づけもできている。				
洗濯	自分でできている。			身だしなみも整っている。	
書類整理・事務手続き	初めての書類は援助が必要。	自分で見て、わかるときとわからないときがある。		わからないことは質問できる。	
買い物	必要に応じた買い物はできている。			買いすぎることはない。	

5　健康に関する領域

体力	疲れやすい。	頑張りたい。	自分ができていないだけかと思う。	ストレスが溜まると身体症状がでやすい。	
健康状態	頭痛、吐き気が常にある。	少しでもよくなりたい。	市販薬に頼りたい気持ちもある。	時々、明らかに体調が悪そうな日がある。	
医療機関利用状況	2か月に1回、脳神経内科受診	先生は怖いけど、少しずつよくなってるから続けようと思う。		医師の助言をしっかりと守れる。少しずつ、医師に状態を伝えられるようになってきた。	緊張性頭痛と思われる。筋肉の緊張をほぐして血流をよくすると頭痛は改善する。
医療費・健康保険	父が負担してくれる。				
障害	物事を覚えるのが難しい。	療育手帳を取って仕事をすることを考えている。		療育手帳の取得に抵抗はない様子。	

6　家族支援に関する領域

母	少し精神的に不安定な面がある。夫とは不仲で娘たちの前でも言いあいをすることがある。	みんなでご飯を食べることができればいいなと思っている。	家を大切にできないなら、自分で生きていく覚悟をもって生活してほしいと思っている。	本人は母を大切に思っているものの、少し不安定な言動については不信感もある。家事等の役割はもう期待していない。	
父	障害への理解もあり、本人の取り組みについて理解を示している。		母と言いあうのはやめてほしいと思っている。	本人との関係は良好。忙しくてなかなか連絡がとれない。	
妹	就労している。	妹と協力しながらやっていきたい。		関係は良好。	

対応者所見のまとめ

生活能力は高い。作業能力もそれなりにはあるが、自己評価は低い。周囲からどう思われるかが気になり、環境になじめないと頭痛や吐き気が出てくる。就労だけでなく、人間関係、生活全般において経験を積んで自信をつけていく支援が必要となってくる。

ニーズ整理票

インテーク	アセスメント
情報の整理 (見たこと、聴いたこと、データなど：事実)	**理解・解釈・仮説** (作成者の捉えかた、解釈・推測)

本人の表明している 希望・解決したい課題	(作成者の) おさえておきたい情報		理解・解釈・仮説
● 働いてお金を稼ぎたい。アニメや漫画といった趣味にお金を使いたい。 ● 将来の生活のためにお金が稼げるようになりたい。 ● 体調を整え、少しでもよくなりたい。 ● この家に住み続け、妹と協力しながらやっていきたい。	● 「稼ぎたい」「アニメや漫画といった趣味にお金を使いたい」と就労の意欲は高い。 ● アニメや漫画の専門学校に通っていた。アニメが好きで、自宅ではアニメを見て過ごしている。専門店でアニメグッズを購入している。 ● 就労経験は複数あるが、人間関係を理由に長続きしていない。 ● 働くことへの理解、働くことに必要な生活習慣、対人関係や作業へのスキルが不足している。教えてもらったことがない。 ● 他者に対する不安や緊張が強い。周囲からどう思われているかがとても気になっている。 ● 毎日、頭痛（慢性頭痛と偏頭痛）や吐き気がある。 ● 不調で仕事を休むときには、しっかりと連絡ができる。 ● 自分の判断で大丈夫そうなときには仕事に来るが、顔色が悪くなるまで無理をしようとする。 ● 医師に自分の症状を説明することや病院の雰囲気が苦手で、医療受診はせずに市販薬で対応することが多い。 ● 初回面接では、対人関係が苦手と言いつつも、生活歴についての質問には比較的淡々とした様子で返答していた。 ● 自分の意思を相手に伝えることはできるが、不安が強いときは声が小さかったり、話すまでに時間を要することがある。 ● 父・妹との関係は良好。母のサポートは期待できないが、父や妹が本人のサポートをしてくれている。	本人	**【生物的なこと】** ● 生理前や生理中は特に頭痛や吐き気が強くなるようだ。 ● 不安や緊張が体調にも大きく影響しているのではないか。不安や緊張が少しでも和らいで、安心できるような環境が必要ではないか。 **【心理的なこと】** ● 他者の期待に応えようと、無理をしすぎる傾向があるのではないか。 ● いつも自分の頑張りが足りないのかもしれないという考えがあるようだ。 ● アニメや漫画は本人にとって、就労するんだという強いモチベーションとなっているだろう。 **【社会性・対人関係の特徴】** ● これまでの生活歴のなかで、じっくりと深い他者とのかかわりの経験が少ないだろう。 ● 慣れるまでは緊張や不安が強いが、時間をかけて慣れてくれば関係もできて、今の気持ちや考えも自分で伝えられるようになるのではないか。
		環境	● マンツーマンでの面接や人が少ない場所での職場実習など、周囲に人ができるだけ少ない環境のほうが、緊張も少なく、普段の自分の力を発揮できるのではないか。

今回大づかみに捉えた本人像（100 文字程度で要約する）
「将来のことを考えると就職をしたほうがよいと思っている。自分では仕事はある程度できると思うけど、体力に自信〔 〕いかわからない。相談にのってくれるといいな」

出典：近藤直司『医療・保健・福祉・心理専門職のためのアセスメント技術を高めるハンドブック　第 2 版——

		プランニング
理解・解釈・仮説② （専門的アセスメントや他者の 解釈・推測）	支援課題 （支援が必要と作成者が 思うこと）	対応・方針 （作成者がやろうと思うこと）
● 脳神経内科医師 　緊張感から肩や首回りに常に力が入った状態になっている。そのために頭痛が起きていると考えられるため、薬を飲むだけでなく、肩や首をほぐす体操を行うと頭痛が改善すると思われる。 ● 障害者就業・生活支援センター 　新しい環境で緊張をしてしまう可能性はあるが、本人の希望する仕事環境は相談できる。通所が安定すれば就職はできると思われる。	● 就労に向けて、働くことへの理解、働くことに必要な生活習慣、対人関係や作業へのスキルを身につける。 ● 自信をつける。自己評価を高くもつ。 ● 慣れるまでは時間がかかるので、緊張や不安、体調など本人のペースに合わせて進めていく必要がある。 ● 体調を整えるために受診を継続する。 ● 本人が負担に思っていることを丁寧に聞き取る時間をつくる。	● 就労移行支援事業所に通所することで、就労に必要な力を身につける。 ● モニタリングを通して、不安が自信となるよう、経験したこと、できるようになったことを一つひとつ一緒に確認していく。 ● 通所先の職員や医師に自分の体調について説明する（できるように促す）。 ● 自分から相談できるようになるために、まずは日々の支援で関係をつくっていく。

がないのと頭痛や吐き気で休みが続くのが不安。また、体調のことを通所先の職員や医師の人にどうやって伝えればよ

ケースレポートの方法からケース検討会議の技術まで』明石書店、42 頁、2015. を一部改変により作成

サービス等利用計画案・障害児支援利用計画案

利用者氏名（児童氏名）	鶴ヶ島　尚美　様	障害支援区分	
障害福祉サービス受給者証番号	○○○○○○○○	利用者負担上限額	
地域相談支援受給者証番号		通所受給者証番号	

計画案作成日	○年○月○日	モニタリング期間（開始年月）	

利用者及びその家族の生活に対する意向（希望する生活）	（本人）働いてお金を稼ぎたい。アニメや漫画といった趣味にお金を使いたい。み続け、妹と協力しながらやっていきたい。 （家族）無理はしてほしくないが、長く働いてほしい。
総合的な援助の方針	就労に向けてはもちろん生活全般において、不安や緊張が和らぐ環境のなかなってもらう。
長期目標	一般就労をして、アニメや漫画といった趣味にお金を使う。今後も、今のマン
短期目標	モニタリングを通して、不安が自信となるよう、経験したこと、できるようにサポートを受けながらも、通所先の職員や医師に自分の体調について説明でき

優先順位	解決すべき課題（本人のニーズ）	支援目標	達成時期
1	就労移行支援に通所することで、就労に必要な力を身につけたい。就労したら、アニメや漫画といった趣味にお金を使いたい。	就労に向けて経験を積んで自信をつけてもらう。	1年
2	慣れるまでは時間がかかるので、緊張や不安、体調などペースに合わせて進めてほしい。	通所先の職員や医師に自分の体調について説明できるように、後押しをしていく。	1年
3	負担に思っていることを丁寧に聞き取ってもらえる時間をつくってほしい。	難しいことを自分から相談できるようになるために、日々の支援で関係をつくっていく。	1年

区分2	相談支援事業者名	C相談支援センター
0円	計画作成担当者	○○○○

3か月（○年○月）	利用者同意署名欄	鶴ヶ島　尚美

将来の生活のためにお金が稼げるようになりたい。体調を整えて、少しでもよくなりたい。この家に住

で経験を積むことによって、またその経験を一緒に振り返ることによって、自分に自信がもてるように

ションでの生活を続けるために自分でも収入を得る。

なったことを一つひとつ一緒に確認していく。
るようになる。

福祉サービス等 種類・内容・量（頻度・時間）	課題解決のための 本人の役割	評価 時期	その他留意事項
● 就労移行支援 　就労に向けて、体力づくりおよび体調の管理の練習 　週5日×4時間	体調に合わせて通所する。 アニメや漫画といった趣味をモチベーションにして取り組んでいく。	3か月	モニタリングを通して、不安が自信となるよう、経験したこと、できるようになったことを一つひとつ一緒に確認していく。
● 就労移行支援・同上 ● Q病院・脳神経内科・2か月に1回 ● 相談支援事業所 　受診同行	通所先の職員や医師に自分の体調について説明する。	3か月	必要に応じて、受診同行。自分で医師に説明できるようにサポートする。
● 相談支援事業所 ● 父・妹 　適宜相談	一人で悩まず、まずは電話（話）をしてみる。	3か月	

サービス等利用計画案・障害児支援利用計画案【週間計画表】

利用者氏名（児童氏名）	鶴ヶ島　尚美　様	障害支援区分	
障害福祉サービス受給者証番号	○○○○○○○○	利用者負担上限額	
地域相談支援受給者証番号		通所受給者証番号	

計画開始年月	○年○月○日

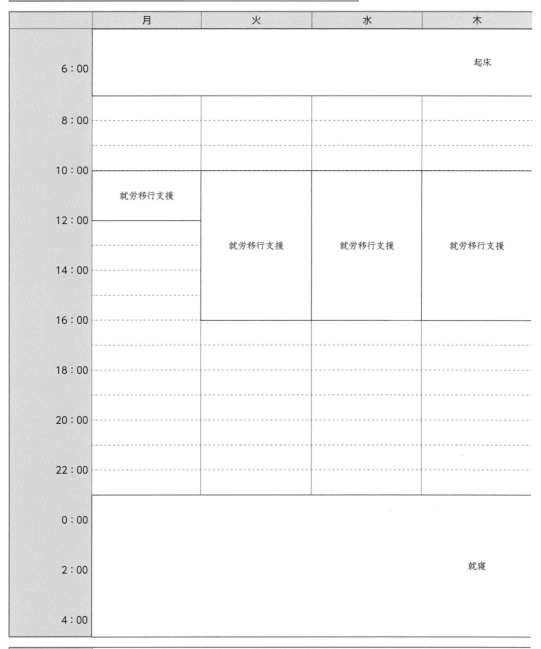

	月	火	水	木
6：00				起床
8：00				
10：00				
12：00	就労移行支援	就労移行支援	就労移行支援	就労移行支援
14：00				
16：00				
18：00				
20：00				
22：00				
0：00				
2：00				就寝
4：00				

サービス提供によって実現する生活の全体像	就労に向けてはもちろん生活全般において、不安や緊張が和らぐ環境のなかで経験を積むことによって、 張や不安、体調などペースに合わせて進めていき、最終的には目標である一般就労をして、アニメや漫画

106

区分 2				相談支援事業者名	C 相談支援センター
0 円				計画作成担当者	○○○○

金	土	日・祝	主な日常生活上の活動
			● 就労移行支援 ● 自宅では、テレビ・アニメを見て過ごす。
就労移行支援			
			週単位以外のサービス
			● 通院 　脳神経内科　2 か月に 1 回

またその経験を一緒に振り返ることによって、自分に自信がもてるようになってもらう。慣れるまでは時間がかかるので、繁
といった趣味にお金を使う。今後も、今のマンションでの生活を続けるために自分でも収入を得る。

　療育手帳の判定までに半年がかかった。その間に婦人科の受診をしたが、痛み止めの処方のみで、継続的な受診は必要ないと言われた。また、サポステには定期的に行っていたが、膝をけがしたことをきっかけに徐々に行かなくなってしまっていた。

　初回面接から約1年後、療育手帳が手元に届いたタイミングで目標や意向を再度整理し、「長続きできる仕事を見つけたい」「今の体力や体調が心配なので訓練をしたい」と方針を決める。福祉サービスの利用が初めてのため、まずは就労移行支援事業所を中心に複数の事業所の見学を一緒に行うことを提案した。1か月間で4、5か所を見学する。本人から、そのなかの1か所で体験してみたいという希望が出されたが、一方で「不安が大きい」ため、「事業所の雰囲気を知る」「1日やってみての体の疲れを知る」といった目標を立てる。長い体験利用の期間を経て本人、事業所の双方の希望により正式利用となる。ここで、利用に向けてサービス等利用計画を作成する。

　作成するにあたっては就職をゴールにするのではなく、その後にどのような生活をしたいかということを意識しながら、「自分に自信をもてるようになってもらう」ことをポイントにした。そのため、就労だけではなく、生活全般において不安や緊張が和らぐ環境を用意する。その環境のなかで経験を積むことによって、またその経験を一緒に振り返ることによって、自分に自信がもてるようになってもらおうと考えた。

5 その後の支援

　計画策定後、3か月ごとに通所先にて本人、サービス管理責任者、担当者と支援のモニタリングを行う。

　事業所へ通所を開始してから半年はほとんど休むことなく通所ができており、プログラムへの取り組みはしっかりできていた。しかし、全般的に自己評価は低く「できて当たり前のことが自分にはできていなかった」と考えることが多かった。集団にはなかなかなじめず、お腹が鳴ってしまうのではないかと不安に思って過ごすこともあった。少しずつ職員に相談できるようになっているが、ためらってしまうことも多いようだ。そのため頭痛や吐き気は毎日続いており、休憩を入れて対処している。

　利用開始から12か月頃、徐々に時間を延ばすにつれて、体調不良で休む日や途中で帰る日が増えてくるようになった。精神科に行くことへの抵抗が強く受診はしていなかったが精神科と脳神経内科が併設されている病院の頭痛外来の受診を提案すると興味を示した。

相談支援専門員が同行し、頭痛外来を受診した。市販薬の常用で頭痛に敏感になっている可能性があるとのことで、市販薬の使用を禁止され、痛み止め等が処方される。また、本人が感じている頭痛は「片頭痛」と「片頭痛じゃない普通の頭痛」があり、片頭痛の見分け方とそのときに使用する薬についても説明を受ける。

市販薬の使用をやめた直後の2か月間は休みがかなり増えたが、企業見学や実習のプログラムにも参加するようになっている。あまりに体調が悪く、つらいようであれば、障害者雇用の就労以外の方法もあるのではと伝えるが、本人としては体調が悪いのは続いているが、「家にいた自分がここまで通えて、実習に行けるようになったことが奇跡だと思う」と就労への意欲は変わらないと話す。

受診を継続するうちに医師ともコミュニケーションをとれるようになり、相談支援専門員が間に入らなくても自分で症状を伝えられるようになっていく。また、体操を教えてもらい、頭痛が起こったときにやるように助言される。受診開始から4か月経過すると、以前ほどの痛みは減ってきていると自覚できるようになる。

利用開始から18か月頃には休みも減り、通所時間も曜日によって時間を変えるなどの工夫をして安定した通所ができるようになる。実習を繰り返し、就職する。

就職後も相談支援専門員が受診同行を継続して就労状況の確認をしていたが、本人が「もう一人で通えると思います」と申し出た。現在は受診後に相談支援専門員へ電話での近況報告をしている。

6 相談支援専門員は「ここ」に注目する！

・本人の希望が「働きたい」ということであっても、その背景を捉えることが重要である。なぜ働きたいと思ったのか、何のために働きたいのか。収入を得たらどんなことに使いたいのか。就職がゴールではなく、その後にどのような生活をしたいかということを意識しながら、サービス等利用計画を作成した。

・本事例におけるアニメや漫画のように、自分の趣味や熱中していることは、就労に限らず、目標に進んでいくための力強いモチベーションとなる。計画を作成する際にも、意識的に取り入れるようにした。

・就労だけではなく、生活全般に目を向けていくことも重要である。体調面は本人の不安や緊張といった心理的な側面にも大きく影響する。

・モニタリングを通して、できるようになったことを一つひとつ一緒に確認していくことで、自分でも気づけていないようなほんの少しでもできるようになったことや経験したことを実感できる。前に進んでいると確認することが、本人を不安から自信のある状態へと変えていく。

▶主介護者の入院が続く場合の本人支援

度重なる母の入院に対して、本人の思いや希望を実現する支援を考える

■ 群馬太郎さんと相談支援専門員とのかかわり

本人・家族		生活支援センターへ相談（母同行）	支援を受けながら家事をする	母入院	母退院	居宅介護終了	母再入院	居宅介護の利用（2回目）	「働く準備はしたい」	就労継続支援事業所・生活介護事業所を見学	母再々入院	「家のことは自分でやる」	就労継続支援B型事業所を見学

30歳 ─── 34歳

相談支援専門員	初回面談	居宅介護の利用を調整				相談支援専門員が本人の思いを伺う	本人の意向を再度確認	グループホームの利用提案		民生委員を紹介	就労に向けた働きかけ	サービス等利用計画作成	定期的なモニタリング

1 相談支援専門員がかかわるまでの本人の暮らし

　太郎さんはR県にて出生。中学2年生のときに、療育手帳C判定を受けた。

　中学卒業後、特別支援学校高等部に入学。高等部の頃に母と同じC型肝炎が見つかり、治療が開始された。卒業後、両親が離婚し、S市の団地に母とともに転居し、生活保護受給が開始された。18歳のときに就労移行支援事業所にて就労支援を受け、その後、障害者枠で一般就労を始める。就労先ではいじめに遭い、突然目が見えにくくなる症状が出始める。症状が出始めて約1年半後、精神科を受診し「身体表現性障害」と診断を受け、会社を退社した。それ以降は、15年近く、就労していなかった。その間、日常生活面では、文字の理解はひらがなと簡単な漢字は読めるため、市役所・自治会の手続きや買い物を担っていた。また、以前、自治会長からポストの中をのぞいていると指摘されたことが原因で、集団のなかに入ることへの不安も強くなり、一時期外に出られなくなった。家事は、以前まで洗濯が本人の役割だったが、神経質なところや、物事に対するこだわりももっていて、天候によっては臨機応変に作

業をすることができないため、現在は母が行っている。また、多汗症、脂性で洗い方にもこだわりがあるため、母の介助があっても入浴に3時間要していた。朝はなかなか起きられず、11時～12時頃に起き、昼食をとった後は、午後は入浴するか、または病院や市役所に行き、夜も遅くなるなど昼夜逆転の生活となっていた。

趣味は鉄道旅であり、高校生の頃から、新しい駅ができると駅舎を撮りに出かけることが楽しみだった。当時、月1回鉄道ボランティアに参加し、駅の清掃やチラシ配布をしていた。しかし、27歳のときに、新しい駅舎を撮りに行った先で、けいれん発作で倒れ、それ以降、一人で電車に乗ることを避けている。なお、鉄道ボランティアも年齢制限があったため、生活支援センターに来たときには、すでに辞めていた。

2 相談支援専門員と出会うきっかけ（支援の始まり）

30歳のとき、同居中の母が入院をすることになり、行政からホームヘルパーによる家事援助を勧められて、母とともに生活支援センターに来る。その際、話していた本人の希望は、「母が入院している間、今住んでいる団地の自治会のルールが厳しいので、自治会の掲示物や回覧板の代読、説明をしてもらいたい。また、苦手な調理もお願いして、家の中での生活を維持したい」ということだった。

相談支援専門員からみた太郎さんの最初の印象は、緊張した表情だが、言葉遣いも丁寧で、真面目な印象だった。

太郎さんは「10年以上前に上司からのいじめがきっかけで体調を崩してしまって今は仕事をしていない。あと、C型肝炎の治療もしている」「でも、いつかは働かなければいけないと思っている」と自信をなくしていると同時に将来への不安もある様子であった。また、母は本人に無理はさせたくない、焦らせたくないという思いがあり、働くことについては、時間が必要と感じている。

また、生活保護を受けながら団地で暮らし始めて12年目に入っており、自治会の年1回の会議は母が参加し、ごみの当番は母と一緒に行っていた。しかし、本人は「団地の人たちは、いつも自分のことを変な人だと思っている。だから、回覧板は間違わずに回したい」「掲示板をじっと見続けると変な人と思われて、いじめられるんですよ」と話しており、本人なりに周囲に気を使いながら気を張って生活をしていることがわかった。

行政の福祉課の生活保護の担当者以外には他者とのかかわりはない様子で、地域からは孤立している状況にあった。それゆえ、母との関係性が近く、「お母さんのために…」「お母さんの体調が…」といった発言が多くみられ、自分のことより母のことを心配している様子だった。

本人への支援がスタートすることで、母を安心させることが必要だと相談支援専門員は感じた。そのような背景のなかで、母が入院する3か月前にホームヘルパーによる家事援助をスタートさせた。

3 支援の経過

ホームヘルパーによる家事援助がスタートした。その後、母が不在の際の掃除や洗濯、調理などの援助も依頼した。母が退院し、体調が整ってきたため、翌年にサービスは終了したが、その後も生活支援センターが3か月に1度の定期訪問を継続した。そのまた翌年に、母が再入院し、その際もまた家事援助を導入した。その後、母の体調が回復し、2か月後に退院したため、居宅介護は終了となった。

親子ともに、入院や治療が続いた3年間だったが、自身の体調も安定していることから、相談開始の頃から話していた「いつかは働かなければいけない」という思いについて、再度確認を行った。以前は、「まだ、治療や通院もあるので、無理したくない」という返答だったが、治療も一段落したこともあってか、初めて「働くことにはまだちょっと自信はないけど、体調も安定してきたので、できることからスタートするのもいいかなと思っています」という返事だった。そのため、太郎さんが33歳のときに、就労継続支援B型事業所や生活介護事業所の見学を相談支援専門員と一緒に行った。しかし、本人からは「場所がちょっと遠いかな。通うのが難しいかもしれない。もう少し考えてみます」と、利用にはつながらなかった。

また、「本当は一人になっても団地で生活していきたいけど、障害があると、グループホームへの入居も考えないといけない」と話があった。本人なりの将来の暮らしに対する不安な思いもあるようだった。

見学を行った1年後に、母の再々入院が決まる。しかし、本人からは家事援助を利用したいという意向はなく、「家のことは自分でやっていこうと思う。でも回覧板、掲示板の代読が必要なときにだけ支援がほしい」とあった。

相談支援専門員は、今後、太郎さんが自治会との接点をつくっていくきっかけともなる可能性があるため、民生委員を紹介した。その後、本人自ら民生委員に相談するようになった。母が不在の間も、一人で団地での生活を送ることができ、自信につながっていった。相談支援専門員は、太郎さんが制限された生活のなかで、達成感を感じられない、先に進まない状況が長く続いていた経緯もあるため、新たな取り組みを始めたときや、気持ちの変化をこまめに褒めることも繰り返した。太郎さんは「（相談支援専門員の）〇〇さんはいつも褒めてくれる」とうれしそうに話している。

一次アセスメント票
（情報の整理票）

作成者氏名	作成日
○○○○	○年○月○日

ふりがな	ぐんま　たろう	性別	住所	(〒○○○-○○○○)
氏名	群馬　太郎	男性		○○○○○○○○○
生年月日	○年○月○日　34歳		連絡先	090-＊＊＊＊-＊＊＊＊

本人の要望・希望する暮らし、困っていること・解決したいこと

県営住宅で母との生活を続けたい。無理しない程度に働く練習をしていきたい。JR東日本管内一周をしたい。
母が治療に専念できるように、サポートしたい。一人になったときに、自治会等の回覧板や掲示板の内容がわからないと不安。見えなくなる症状や発作の心配をしたくない。

家族の要望・希望する暮らし、困っていること・解決したいこと

（母）将来のことを考えると、無理せずに少しずつ働く練習をしていってほしい。
病気にかかった際には治療に専念したいが、息子のことも心配。

希望する1日の流れ

本人　平日　起床・朝食／就労継続支援B型事業所通所／帰宅／夕食／入浴／就寝
　　　休日　起床・朝食／昼食／買い物／夕食／入浴／就寝
　　　6　9　12　15　18　21　24　3

生活状況［普通の1日の流れ］

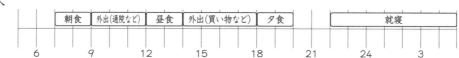

本人　平日　起床・朝食／夕食／入浴／就寝
　　　休日
　　　6　9　12　15　18　21　24　3

〔その他の1日の生活の流れ〕　※いくつかの1日の生活があれば、別紙に記入
本人　朝食／外出（通院など）／昼食／外出（買い物など）／夕食／就寝
　　　6　9　12　15　18　21　24　3

本人の概要　生活歴（病歴含む）

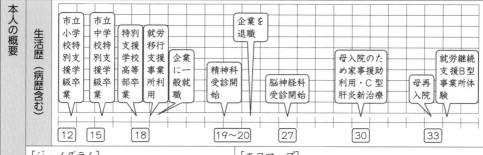

市立小学校特別支援学級卒業〔12〕／市立中学校特別支援学級卒業〔15〕／特別支援学校高等部卒業・就労移行支援事業所利用・企業に一般就職〔18〕／精神科受診開始・企業を退職〔19～20〕／脳神経科受診開始〔27〕／母入院のため家事援助利用・C型肝炎新治療〔30〕／母再入院〔33〕／就労継続支援B型事業所体験

［ジェノグラム］

［エコマップ］

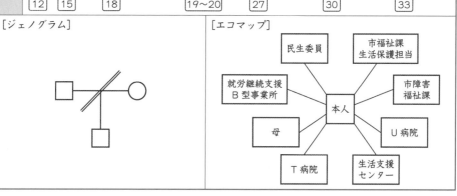

民生委員　市福祉課生活保護担当　就労継続支援B型事業所　市障害福祉課　母　本人　U病院　T病院　生活支援センター

利用者の状況

項目	状況・意思			支援者の気づき	
	現状	本人の希望	本人の選好	記入者	記入者以外 （専門的アセスメント を含む）

1　生活基盤・日常生活に関する領域

項目	現状	本人の希望	本人の選好	記入者	記入者以外
住環境	県営住宅	「今の場所（県営住宅）でずっと暮らしていきたい」 「グループホームには行きたくないけど、主治医にも一人暮らしは無理と言われている」 「グループホームに入るなら、〇〇相談員のいるグループホームを考えたい」	自治会の手続きも自分でできている。	グループホームに行きたくない理由は、自分と母の体調が心配なこと、日常生活動作に時間がかかることから集団生活では迷惑をかけると心配しているためだろう。	
経済環境	生活保護受給		手続きは怠らずにできている。	公的な制度を利用しているため、しっかりしなければと思っている様子。	

2　社会参加に関する領域（教育、就労を含む）

項目	現状	本人の希望	本人の選好	記入者	記入者以外
趣味・旅行・レクリエーション	鉄道周遊	「JR東日本管内を一周したい」	高校生のときに、お小遣いで北上線等東北方面は、周遊した経験がある。	現在は、てんかん発作、経済上の理由であきらめの気持ちが強い。	
当事者団体の活動	なし		就労継続支援B型の再利用を決めたり、電車の趣味をまた始めたいと思っていることから、交流を求めている。		
自治会への参加	自治会で決められたルール（ゴミ捨て場の掃除や廊下清掃等）を守って生活している。障害者手帳を持っていることを伝えていない。注意されたときはしばらくひきこもったことがある。	「母がいないときに、自治会の回覧板を読めないので、困ってしまいます。掲示板をじっと見ていると変に思われるのであまり見ないようにしている。自治会等の回覧板や掲示板の理解をしたい」	母と一緒に参加。しかし、母が入院したときはホームヘルパーや民生委員に相談することができている。	本人のことを理解し、わからないことを手伝ってくれる人がいれば役割を果たすことができる。一方的に受けた注意に敏感に反応するところがある。	
その他各種社会的活動	「鉄道ボランティアは、年齢制限があることと、もう来ないで、と言われてしまったので、それっきり行っていないです」		鉄道への関心は今もある。金銭、体調面から活動することがない。	以前、鉄道ボランティアに参加し、駅内の清掃、チラシ配りをしていた。	
就労	「運送会社の仕分け作業をしていたが、上司からのいじめがあって、辞めました」 就労継続支援B型体験時は段取りや本人の特徴や希望など通所先と事前に調整した。	「会社で働くことはまだ難しいと思う。主治医からも無理をするなと言われている。（就労継続支援）B型で畑・パン販売をしながら少しずつ、練習していきたい」	「毎日通所すれば、1万円稼げる」と、自ら、目標を定め、週4回、5回の利用を希望している。	以前の職場では本人なりにやっているにもかかわらず、怒られたことがたびたびあった様子。 公共交通機関の利用に自信がもてずにいたが、繰り返し利用し、方法がわかるとバス利用も可能と	作業能力が高く、集中力もある。最後までやり遂げる。作業も正確で丁寧。畑にもチャレンジしたいという意欲もある。（体験した就労継続支援B型事業所の支援者）

			なった。	

3　コミュニケーションや意思決定、社会生活技能に関する領域

意思表明	自分の意思をしっかりと伝えることができる。	「無理せずに働けるようにしていきたい」			
意思決定	自分の意思はあるが、周囲の意見も聞いて、決めることができる。 役所からも応援されていることが実感でき、より自分の意思を伝えることが増えている。	「○○さんはいつも褒めてくれていて、役所の人も今応援してくれるのがわかるので、（就労継続支援）B型の仕事も頑張ろうと思います」		何事にも慎重で周囲の意見を気にするタイプだが、自分のためを思う意見は受け入れ、そのうえで意思決定することがある。 具体的にできていることや取り組みを認めて伝える、かかわっている人が同じように思っていることを伝えることで実感がもてる様子。	
他者からの意思伝達の理解	難しい言葉を選ばなければおおむね理解ができる。	「わかりやすい言葉で伝えてもらえばわかります」			
コミュニケーションツールの使用（電話、FAX、パソコン、タブレット、インターネット）	文字の理解は苦手。そばで読み上げるとわかることが多い。	「身体表現性障害があるので、体調がよくないと、目が見えなくなってしまいます」	自分の名前や簡単な言葉であれば書くことができる。	視覚的にわかりやすくする以外、音で聞くことでより理解が進む。	
対人関係	誰に対しても礼儀正しく、しっかりとした受け答えをする。	「気を使いすぎてしまい、疲れてしまうことがあります」		以前家事援助を利用した際はホームヘルパーがいると、ぼーっとできず、一緒に台所に立ったり、献立を考えようとするなど頑張りすぎてしまうことがあった。	
屋外移動やその手段（長距離、遠距離）	慣れるまで手順や方法を手伝ってもらう必要があるが、繰り返すことで一人で移動することができる。また、近場は自転車利用。発作があるので一人では不安。	「前は、一人で電車にも乗れたが、今は、発作が起きたらと考えるとどこにも行けなくなってきた。誰かが一緒なら行けるかもしれない」	以前（27歳頃まで）は、一人で電車や新幹線を乗り継ぎ岩手県や宮城県に行くことがあった。	移動支援の利用は、前向き。ただ、経済上の心配は抱えている。特に生活保護担当者に怒られるのではないかと心配している。	
金銭管理	生活保護受給中。母が管理しているが、福祉課への書類の提出等は本人が行っている。	「いっぱい働くと福祉課にボーナスをとられてしまうのが、つらい」	必要なこと以外、使いすぎてしまうことはない。	収入や支出、生活保護の仕組みを理解することができている。	

4　日常生活に関する領域

身辺のこと	おおむね支援なし				
調理	作るのは主に母。本人はカップラーメンなど簡単なものはできる。	「見えないことが多いので、包丁使うのが怖いです」	母が入院しているときには、総菜やカップラーメンを作っていた。	家事援助を利用していたこともあったが、人が家に入ること自体が気を使うため、利用は消極的。	
食事	一人のときは、カップラーメンを食べている。	「以前はカレーライスとかカレーうどんを作れたけど、今は、能力が		やってみたいという気持ちはあるのだが、何をするにも時間がかかるように	

		なくなっているから自信がない」		なっていて台所に立つことへの不安がある。	
入浴	以前は、一人で洗えていたが、約3年前から、何事にも時間を要するようになり、1回の入浴に3時間程度かかる。その間、母が介助する場面あり（特に洗髪）。	「10月頃にお風呂で発作なのか意識がなくなる場面があったので、それ以来お風呂に入るのが少し怖いです」	「ヘルパーさんにお風呂の介助をお願いして、母の負担を減らしたいです」	体調に対する不安が強くなってきている。そのため、日常生活動作にも時間を要する。	
清掃・整理整頓	主に母が行っている。自宅の清掃・整理整頓はある程度可能だが、団地共有の外廊下やゴミ置き場の清掃をするのは難しいと感じている。		自分のペースでならできるが、共有部分の共同の場所は迷惑をかけないか心配。	本人なりのペースが保証されれば可能。	
洗濯	一通りのことはできる。今は行っていない。	「今は、母に任せきりになっています」	母入院中は一通りのことを一人でできていた。	基本的な行い方はわかっており、可能。	
書類整理・事務手続き	文章理解は支援が必要。	「自治会の回覧版、掲示板の内容がわからなくて、一人のときには手伝ってほしい」	母が入院した際は、民生委員に事前に相談し必要に応じてサポートしてもらえる関係ができている。	行政での手続きはわからないことを聞きながら可能。自分から聞くことができる。	
買い物	母から頼まれたメモを見ながら買い物をしている。				

5　健康に関する領域

体力	半日程度の外出をすると、疲れてしまう。体調によっては朝起きられず、半日寝ていることもある。	「発作が怖いので、無理はしたくない」	無理すると見えなくなる頻度が高くなる等の訴えがある。		無理はできないが、少しずつ作業所に通えるようにしたらよい。社会（働くことなど）とのつながりをもっていくことも、必要。（主治医）
健康状態	約15年前に就労先で、上司のいじめにより、ストレスから目が見えなくなる症状が出始める。27歳のときの発作以降、服薬治療が開始されている。その他、安定剤の服薬をしている。多汗症。	「見えなくなる症状や発作の心配をしたくない」「10月にお風呂で気を失い、怖かった。てんかん薬の調整をしてもらいました」	日によるが、心配ごと（母の体調等）が多いと、体調も不安定になる傾向がある。	7年前、鉄道周遊中に吉川駅で切符を買い、写真を撮ると、うれしさのあまり興奮し、発作。救急搬送され、てんかん発作であることがわかった。	定期的に通院や服薬はできています。本人の特徴や特性に合わせた対応や環境がつくられれば、症状は強く出ることはないだろう。（主治医）
医療機関利用状況	精神科（月1回）脳神経科（3か月ごと）消化器科（4か月ごと）定期受診できる。	「通院は、いつも忘れないようにカレンダーに書いています」	母と自身の通院日をカレンダーに記載し欠かさずにお互いの通院に同行している。	体調管理の大切さは十分わかっており実行している。「無理はしない」と、大事を取りすぎるところがあるようだ。	
医療費・健康保険	受給証にて対応。	「生活保護で医療費が出るので安心して治療ができます」	医療費等の手続きも必要に応じて自ら、行政窓口にて相談している。		
障害	軽度知的障害 てんかん発作 身体表現性障害 C型肝炎（治療済み、経過観察中）		文字の読み書きが苦手。てんかん薬、安定剤は服薬継続中。		

6　家族支援に関する領域

母	母も疾病を多く抱えている。入院治療が必要な疾病もあるが、息子の生活に支障をきたすこともあり、治療には消極的。息子が中心の考え。	治療に専念したいが、息子のことが心配、無理はしてほしくない。	以前家事援助を利用したが、本人も母も気を使いすぎてしまう。	母が治療に専念できるよう、本人が自立生活を送るうえで、自信につながるような生活支援の検討が必要。	
緊急時	緊急時に対応してもらえる親族はいない。	緊急のときに相談したい。		現在の住宅の保証人は母の兄。普段の交流はまったくない。	

対応者所見のまとめ

本人と母ともに体調面の課題を抱えながら協力して生活してきた。しかし、反面お互いを心配なあまり生活が膠着、周囲とのかかわりも少なくなっていた。本人は支援者へ意向が伝えることができ、一つずつできる見通しがつくと、自分で取り組んでいこうとする面もある。本人、母とも必要な取り組みを行っていけるよう、また、今後の生活を見据えて、本人が日常生活、社会的活動を取り組んでいけるよう支援者や活動の機会を広げていく。そのかかわりや本人のできたことを母にも共有していくことで本人と母がそれぞれの生活に取り組んでいけるようにする。

ニーズ整理票

インテーク		アセスメント
情報の整理 (見たこと、聴いたこと、データなど：事実)		理解・解釈・仮説 (作成者の捉えかた、解釈・推測)

本人の表明している希望・解決したい課題	（作成者の）おさえておきたい情報		理解・解釈・仮説

<table>
<tr>
<td>

本人の表明している希望・解決したい課題
- 目が見えなくなる症状や発作の心配をしたくない。
- 無理しない程度に働く練習を続けていきたい。（パン販売をしていきたい）
- 県営住宅での生活を続けたい。
- 自治会等の回覧板や掲示板の理解をしたい。
- 母にはいつまでも元気でいてほしい。
- JR東日本管内一周をしたい。

</td>
<td>

（作成者の）おさえておきたい情報
- 約15年前に就労先で、上司のいじめ（怒られたこと）により、ストレスから目が見えなくなる症状が出始める。
- 仕事を辞めた後や自治会長に注意された後、しばらくひきこもった。
- 自治会に、療育手帳を持っていることを伝えていない。「掲示板をじっと見続けると変な人と思われて、いじめられるんです」
- 自治会のルールを守って生活している、役所の手続きはきちんと行っている。
- 民生委員に支援依頼をした後は、自分から相談することができていた。
- 就労継続支援B型事業所の支援者からは作業能力が高く、集中力もあると言われている。最後までやり遂げる。作業も正確で丁寧。畑にもチャレンジしたいという意欲もあるという評価がある。
- 鉄道ボランティア（チラシ配り、清掃）は、年齢制限がなければ、続けることができていた。
- 本人も無理はしたくない。母もさせたくないという思いがある。
- 27歳頃までは、一人で新幹線や電車に乗って、宮城、岩手まで行くことができた。
- 駅での発作以降、一人での電車旅は不安。誰かが一緒なら行けるかもしれないと言っている。
- 繰り返し利用し、方法がわかるとバス利用も可能となった。
- 生活保護を受けているのに、電車旅で遊んでいると言われるのではという不安がある。
- 具体的に希望や努力を応援していること、認めていることを伝えることで理解し自信がつく。

</td>
<td>

本人

</td>
<td>

【生物的なこと】
- 安心して相談ができる環境、本人の特性に合った対応があれば、症状（見えなくなる等）の軽減につながる可能性がある。
- 誰か一緒に取り組むことから再スタートすることで発作の心配も少なくなり、鉄道旅行に再チャレンジができるかもしれない。

【心理的なこと】
- 達成感や具体的に評価されることが積み重なることで「働くこと」が、前向きなイメージに変わるかもしれない。
- 一つのことが気になると、今までできていたことも、「できない」と思い込みひきこもりにつながる。
- 気になることを一つひとつ説明することで安心して次に進める可能性がある。
- 鉄道や畑など好きなこと、目標があれば、一生懸命できる人かもしれない。
- 働く時間があることが、趣味にも楽しく取り組めることにつながるのではないか。

【社会性・対人関係の特徴】
- 働く練習を始めることで、人とかかわることの楽しさ、また、あきらめていたこと（鉄道旅行、生活の自立）へのチャレンジ意欲ももてるようになるかもしれない。
- 母以外に、信頼できる存在、相談できる人がいれば、団地での生活を安心して送れるかもしれない。
- 母との生活は本人にとっての安心感でもあるが、結びつきが強すぎる面もあり、一方で、社会とのつながりを希薄にしてしまう可能性と両面ある。

</td>
</tr>
<tr>
<td colspan="2"></td>
<td>

環境

</td>
<td>

- 民生委員を通じて自治会長など地域の理解者を広げていくと暮らしの安心感が高まるだろう。
- 自転車や慣れたバスで通える範囲の通所先なら負担なく通えるだろう。
- 本人のペースや理解しやすい環境（わかりやすい文章、読んで説明を加えるなど）の設定やその協力があることで、本人のできることや自信の回復につながるだろう。
- 本人の安定が母の安定につながり、母がまた本人をより応援する人になっていくだろう。

</td>
</tr>
</table>

今回大づかみに捉えた本人像（100文字程度で要約する）

夢はあるけど、今は経済的にも体力的にも能力的にも自信がもてないけど、力になってくれる人がいてくれれば、その母にはいつまでも元気でいてほしい。今の家（県営住宅）での生活を続けていきたい。そのためにもできることは自分

出典：近藤直司『医療・保健・福祉・心理専門職のためのアセスメント技術を高めるハンドブック　第2版——

	プランニング	
理解・解釈・仮説② （専門的アセスメントや他者の 解釈・推測）	支援課題 （支援が必要と作成者が 思うこと）	対応・方針 （作成者がやろうと思うこと）
● 主治医 「定期的に通院服薬はできています。ストレスがかかりすぎることは勧められない。本人の特徴・特性を理解した環境で無理はしないで、社会（働くことなど）とのつながりをもっていくことも、必要」	● 本人の体調不安、苦手なこと、好きなこと、得意なことなど理解し相談できる人が増えること。 　具体的に取り組みや頑張りを評価しそれぞれから伝えることやその場をつくることで、自立生活への自信がもてるようになる。 ● 働く練習の機会・経験を積み重ねていくことで、達成感や新たなチャレンジ意欲をもてるようになる。 　それが趣味に向かう気持ちと母の本人への意識が変わることにつながる。 ● 自治会や団地住民との交流の機会をつくっていく。また、団地以外の暮らしについても、イメージがもてるよう見学や体験の機会を提供する。 ● 鉄道仲間や一緒に行動してくれる人がいれば、鉄道旅行に行く自信がもてるようになる。	● 主治医や支援者間で情報共有を図り、本人の取り組みを認める人、本人が安心して相談できる人を増やしていく。 ● 就労継続支援B型事業所の利用につながり、自分のできることの幅を広げていく。働く意欲や自信につなげる。 ● 民生委員から、自治会活動の情報提供、交流の場につなげていく。 ● 相談支援専門員とJR東日本管内駅舎、路線図を見ながら、管内一周鉄道旅行に向けての計画を立ててみる。

夢もあきらめずにいきたい。また、働くことや将来の暮らしも体験して経験を積めば自信がつくと思う。
の力でやっていきたい。

ケースレポートの方法からケース検討会議の技術まで』明石書店、42頁、2015. を一部改変により作成

119

サービス等利用計画案・障害児支援利用計画案

利用者氏名（児童氏名）	群馬　太郎　様	障害支援区分	
障害福祉サービス受給者証番号	○○○○○○○○	利用者負担上限額	
地域相談支援受給者証番号		通所受給者証番号	

計画案作成日	○年○月○日	モニタリング期間（開始年月）	

利用者及びその家族の生活に対する意向（希望する生活）	（本人）県営住宅で母との生活を続けたい。無理しない程度に働く練習をしてい 母が治療に専念できるようにサポートしたい。一人になったときに、自治会等 （母）将来のことを考えると、無理せず少しずつ働く練習をしていってほし
総合的な援助の方針	働くことの喜びをもちつつ、将来の自分の暮らしのイメージをもつことができ とのつながりができ、団地の一員として、自信をもてるよう応援する。
	長期目標	自分に合う仕事や働き方が見つかり、仕事にやりがいや達成感をもてるように
	短期目標	見学や体験を重ねて、将来の自分に合う暮らしを選択できるようになる。

優先順位	解決すべき課題（本人のニーズ）	支援目標	達成時期
1	無理せず、自分の力を発揮できることにチャレンジしてみたい。 母にいつまでも元気でいてほしい。	本人のもっている力が引き出されることにより、働くことへの楽しみややりがいをもつ。	半年
2	見えないこと、発作が起こることへの不安を減らしたい。	生活の仕方について振り返りを行い、自分に合った働き方や暮らし方を見つける。	1年
3	JR東日本管内を一周したい。	困ったときに力になってもらえる人との外出の機会をつくっていく。 鉄道仲間をつくっていく。	1年
4	将来の暮らしのイメージをもちたい。 母にいつまでも元気でいてほしい。	自治会長や民生委員とのつながりをもち、今の暮らしを続けていく方法を考える。	1年

区分2	相談支援事業者名	D 相談支援センター
	計画作成担当者	○○○○

最初の3か月は毎月。その後は、半年に1回（○年○月）	利用者同意署名欄	群馬　太郎

きたい。JR東日本管内一周をしたい。
の回覧板や掲示板の内容がわからないと不安。見えなくなる症状や発作の心配をしたくない。
い。治療に専念したいが、息子のことも心配。

るよう応援する。また、夢に一歩でも近づけるように鉄道旅の再開をお手伝いする。自治会や民生委員

なる。電車に乗る機会がもてるようになる。困ったときに相談ができるようになる。

福祉サービス等 種類・内容・量（頻度・時間）	課題解決のための 本人の役割	評価 時期	その他留意事項
●就労継続支援B型 　就労支援、相談支援（当該月の日数－8日） 　月～金　10：00～15：30 　体調をみながら、利用の頻度は調整していく。	いろいろなことにチャレンジしてみる。困ったことは伝える。	最初の3か月は毎月その後は3か月に1回	過度なストレスや不安から「目が見えない」症状が進行する可能性もあるため、声かけ等しながら無理のないように配慮していく。
●医療機関 　診察、助言、服薬相談等（月1回～2回）相談支援専門員の受診同行 ●就労継続支援B型 　相談助言等（適宜）	体調の不安なことや困ったことは相談する。 通院と服薬は先生の決めたとおりに行う。	3か月	
●相談支援 　本人が行きたい路線、駅舎等話しあい、予算やルート確認、心配事など話しあってプランを立てる 　月1回	自分で行く場所のプランを立て、相談支援専門員に伝える。	3か月	各駅停車し、記念の切符購入、スタンプ、駅舎の写真を撮ることが楽しみ。働くことが趣味も充実できる気持ちにつながる。
●相談支援、自治会（自治会長、民生委員） 　お祭りやイベント、会合への参加を通じて、地域住民とのつながりをもつ。 　月1回	自治会イベント等へ参加する。 困ったことは民生委員さんに聞いてみる。	半年	

サービス等利用計画案・障害児支援利用計画案【週間計画表】

利用者氏名（児童氏名）	群馬　太郎　様	障害支援区分	
障害福祉サービス受給者証番号	○○○○○○○○	利用者負担上限額	
地域相談支援受給者証番号		通所受給者証番号	

計画開始年月	○年○月○日

	月	火	水	木
6：00				
8：00				
10：00	起床・朝食	起床・朝食	起床・朝食	起床・朝食
		市役所での手続き等	送迎（デマンドバス）	市役所での手続き等
12：00	昼食	昼食	就労継続支援B型 到着後、昼食・休憩	昼食
14：00			作業（内職・農作業）	
16：00		買い物、通院	送迎（デマンドバス）	買い物、通院
	入浴（3h）		入浴（3h）	
18：00	夕食	夕食		夕食
			夕食	
20：00				
22：00				
	就寝	就寝	就寝	就寝
0：00				
2：00				
4：00				

サービス提供によって実現する生活の全体像	働くことの喜びをもちつつ、将来の自分の暮らしのイメージをもつことができるようになる。 母以外の人たちにも生活を協力してもらい、母にいつまでも元気でいてもらえる暮らしをつくる。 夢に一歩でも近づけるように鉄道旅を再開する。

| 区分2 | 相談支援事業者名 | D 相談支援センター |
| | 計画作成担当者 | ○○○○ |

金	土	日・祝	主な日常生活上の活動
			●日常生活動作（ADL）はおおむね自立（入浴場面は必要に応じて母が手伝う）。 ●洗濯物を干す、畳むのは本人の役割。 ●買い物や外出は自転車利用。 ●買い物は母からメモをもらい、買い出しに行く。 ●行政や通院は、母親と一緒に行く。
起床・朝食	起床・朝食	起床・朝食	
昼食	就労継続支援B型 （月1回） イベント レクリエーション等	昼食	
入浴（3h）			**週単位以外のサービス**
			●U病院（1回・4か月） ●T病院（1回・4か月） 　＊U病院は月または木曜日受診 ●精神科病院（1回・1か月） 　＊火曜日受診 ●市役所での手続き（障害福祉課・福祉課等）
夕食	夕食	夕食	
就寝	就寝	就寝	

4 サービス等利用計画を作成する際の状況・ポイント

　3度目の母の入院時、ホームヘルパーの利用を断り、団地内の必要な相談を民生委員にすることで、自分なりの生活ができた。相談支援専門員は、本人が自分から変わろうとしている時期であるのではないかと捉え、地域の支援機関にもつながるよう再び働きかけた。「いつかは働かなければいけない」と本人が話していたことや、母が不在時の生活について、教えてもらい慣れることで、自分できちんとこなしていける姿をみて、相談支援専門員は就労に向けての働きかけを行った。

　以前見学したところとは別の就労継続支援Ｂ型の事業所を一緒に見学した。初めて、本人から「見学してみて、これ（内職・イチゴ作り）ならできるかもしれない」と体験の意向があった。これまでは内職が主の事業所だったが、今回はイチゴ作りが気に入った様子であった。就労継続支援Ｂ型での体験では、本人のペースや作業に取り組みやすい段取りを、事業所と相談支援専門員が一緒に検討し、工夫しながら実習が行われた。また、15年近くブランクがあることや、本人も母も働くことへの不安が大きいことを踏まえ、支援者全体で「体調の様子をみながらできることを一つずつやろう」と共有した。主治医にも共有を図り、本人の取り組みについて、支援者みんなが同じ目的で本人の取り組みを応援した。体験中は、作業は丁寧だったため、作業中もできたことはこまめに認め、褒める体制をつくった。母以外の人とのかかわりが増えていくなかで、本人も「やってみよう」「できた！」という気持ちを少しずつもち始め、正式に利用契約に至った。

　本人の取り組みを相談支援専門員だけでなく、支援機関（行政、相談支援機関、民生委員）全員が同じ方向に、本人の力を信じて、応援していることを担当者会議やかかわりのなかで伝える体制をつくった。本人が安心して次に進む一歩を自ら切り開き始めた。

5 その後の支援

　数か月後、就労継続支援Ｂ型の利用が開始された。利用当初の「無理をしたくない」という思いを尊重し、週1回・半日からの利用となった。最初の1か月は、決めた日を休むことは一度もなかった。モニタリングでは「仲間の名前を覚えました」と報告があった。また、その後月1回の調理・カラオケのイベントにも参加し、自発的に横の広がりもつくっていった。さらに、通所日は、朝の8時半には出勤するために事前に起床するようになっていた。評価時期である3か月が経過したところで、本人

から「イチゴの収穫をやってみたい」「工賃1万円を目指したいので、毎日行こうかな」といった目標が聞かれるようになる。また、一緒に帰る友達ができ、通所に利用していたデマンドバスをやめ、友達と一緒に公共交通機関のバスを利用した。事業所からの評価は、作業能力・チャレンジや意欲ともに高かった。一方で、事前に本人の特徴や希望を伝えることで、通所先の事業所は本人のこだわり（作業手順等）は、認められる範囲で尊重し、本人が作業をしやすい段取りを協力した。

　この様子を見て、母の気持ちにも変化が生じた。利用当初、「無理してほしくない」と言っていたが、本人がこれまで頑張ってきた週5日の利用を「1回に減らしたい」と言った際にも、「利用回数を1回と決めず、まずはやってみなさい」と応援した。結果的に、母の治療がスタートしてからも、週5日の通所ペースが変わらなかった。精神疾患の症状は時々出るが、そのことを理由に休むことはなかった。さらに、今までは母が入浴を支援していたが、本人が負担をかけたくないため、ホームヘルパーに入浴支援をしてほしいとの希望を言ったため、調整を行った。好きだった鉄道旅行についても、母が長年行きたかったフラワーパークまでの鉄道旅行を実現した。協力が必要か聞くと「一人でできます」と、ルート検索、切符購入もすべて本人が行った。その後、もっとエリアを広げていきたいとのことで、相談支援専門員と一緒にJR東日本管内の路線、駅舎について調べる予定である。

6 相談支援専門員は「ここ」に注目する！

・母の繰り返される入院ごとに、必要な支援は何か、本人が希望する協力は何かをその都度丁寧に確認・支援を調整し、こまめに取り組みを評価している。居宅介護の支援調整後、本人の意向と生活状況からサービス終了、民生委員など地域の協力の調整も行った。公的サービス終了の判断は、ときに本人の力を信じ、その力を活かすために、地域の力と協力を活かすために必要なことである。

・変化ごとに行政を含めた支援者全体が状況を把握できるよう、相談支援専門員は情報を伝える、各支援者のかかわりを把握することで、本人と母の孤立した生活を支援者と地域が支え、ともに歩む体制をつくり、本人は新たな取り組みに自ら進んでいけた。支援機関や地域、行政との一体的な支援体制をつくったことから、かかわる人全体が同じ方向性で応援していると実感でき、本人の取り組みへの自信を促進している。

・就労の支援は、本人が自信をつけて生活や将来を広げていけることのほか、再び趣味（電車旅）につながることもねらいとして設定した。その結果、サービス等利用計画の支援目標などに記載し、母の希望の電車旅行の実行へとつながった。

事例 6 思春期での成長を多機関で見守りながら本人とその母を支える

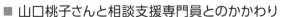

■ 山口桃子さんと相談支援専門員とのかかわり

1 相談支援専門員がかかわるまでの本人の暮らし

　桃子さんの家族構成は母（自営業）、姉（専門学校生）、本人の3人家族。県営住宅に暮らしている。同じ市内に母の実家兼仕事場がある。

　市内の小学校の特別支援学級を卒業後、県立特別支援学校中学部に進級し、卒業。同高等部に入学した。母は自営業で土日も仕事の日が多く、平日は学校から放課後等デイサービス、土曜日は放課後等デイサービスから移動支援、そして日曜日は移動支援を使い、母が休みの日には一緒に過ごす、といった生活スタイルだった。

　桃子さんは東京ディズニーランド®が大好きで、母と姉の3人でよく行っていた。そのときに撮ったDVDなどを見るのが大好きである。そのDVDには笑顔でカメラに向かって話しかけている姿が映っている。しかし、日常生活では、家族とごく一部の人にしか言葉を使用してコミュニケーションをとらない。買い物に行くと乳幼児のおむつや離乳食を欲しがり、買わないと店で大暴れしてしまったりする。学校は大好きであるが、スクールバスに乗れず、母が毎朝学校まで送っていた。その際にも暴れ

てしまうことが多かった一方で、施設での生活は年少児の面倒をみるなど、女の子グループをまとめるような存在であった。また、大好きな支援員もおり、同年代の子となにやら部屋で遊んでいたりするなど比較的穏やかな生活を送っていた。

2 相談支援専門員と出会うきっかけ（支援の始まり）

相談支援専門員が初めて桃子さんと出会ったのは、彼女が特別支援学校中学部2年生の頃だった。

自宅や外出先で暴れてしまい、一時保護となり、障害児入所施設での生活が始まるときに出会った。委託相談支援事業所の職員、市のケースワーカー、児童相談所の職員、母と一緒だった。そのとき、家族は暴れてしまう我が子を目の前にどうすることもできず「疲れ切っている」。そんな印象であった。

そこから、一時保護、短期入所、施設入所を経て、特別支援学校高等部2年生のときに在宅へ戻ることになった。

その間も、はじめは施設職員としての立場で彼女にはかかわっていて、毎月行われる支援会議に出席していた。

支援会議には市のケースワーカー、放課後等デイサービス、移動支援、短期入所の各事業所の職員、特別支援学校、委託相談支援事業所、特定相談支援事業所が集まり、支援方法や在宅での取り組みなどを話しあってきた。

在宅への取り組みが始まった頃、施設職員から相談支援専門員の立場でのかかわりが始まった。当時、彼女が言葉を用いて話してくれる支援者が相談支援専門員以外にはいなかったからということと、今までの支援が在宅での生活のヒントになるかもしれないということ、学校とのかかわりが多かったので連携がとりやすい、ということが大きな理由であった。

3 支援の経過

まずは本人と家族の意向を聞くことにした。はじめに本人に、在宅で一緒に暮らしたいのか、施設で暮らしたいのか聞いた。家族は、「在宅で一緒に暮らしたい気持ちはあるものの、以前のように暴れられてしまうとどうしたらよいのかわからない。また、施設での暮らしで友人もでき、暴れることもなかったのでこのまま暮らしていてもよいのか…」と迷っている様子であった。

施設で生活しているときにも本人は一貫して「ママ大好き。お家帰りたい」と言っ

ていた。そのため、母の不安を少しずつ減らすために、自宅へ帰る時間を増やしていくようにした。特別支援学校の先生から本人の特徴として「気持ちの切り替えに時間がかかる。そのため、学校では日課表を用いて本人に見通しをつけてもらっている。やることがきちんとわかっていると気持ちの切り替えがしやすい」という話を聞き、自宅に戻るときには自宅での「To Do リスト」を作成した。そして、本人にも自宅に帰る日がわかるように週間予定表も作り、学校と施設で毎日本人と確認することにした。

　自宅に戻り、母が不安になったときには、短期入所の施設や相談支援専門員が迎えに行ったり、ときには、ホームヘルパーにも手伝ってもらうことにした。気持ちの切り替えをするまで1時間待ってもらい、学校へ行くこともあった。

　その頃より、相談支援専門員には言葉を用いて会話してくれるようになり、二人きりになるといろいろと話をするようになっていた。そのなかで施設にいるときには特に「お家に帰りたい。でも、ママが泣くのは見たくない。ママを叩きたくないけどどうしていいのかわからない」と言っていた。その言葉を聞き、相談支援専門員は、桃子さんはたくさんのことをきちんと見ているんだなと感じた。また、成長の過程で「子どもでいたい気持ち」と「大人としての自分」が戦っているのだと感じた。

　そして、家族とは言葉を用いての会話ができていたため、常にきちんと気持ちを伝えられていると思っていたが、実は家族に自分の気持ちを言葉で表現できていないということもわかった。その間、母へのフォローは委託相談支援事業所と市のケースワーカーが行った。

一次アセスメント票
（情報の整理票）

作成者氏名	作成日
○○○○	○年○月○日

ふりがな	やまぐち ももこ	性別	住所	（〒○○○－○○○○）○○○○○○○○○○○○
氏名	山口 桃子	女性		
生年月日	○年○月○日	18 歳	連絡先	090-＊＊＊＊-＊＊＊＊

本人の要望・希望する暮らし、困っていること・解決したいこと

「ママが大好き。ママが泣くの嫌」「お家で暮らしたい」「学校大好き、ずっと学校に行きたい」「将来はパン屋さんになりたい」「3人でまたディズニーランドに行きたい」
うまく気持ちが伝えられないと暴れてしまう。どうすればいいのかわからない。

家族の要望・希望する暮らし、困っていること・解決したいこと

（母）「娘と一緒に暮らしたい。けど、暴れちゃうとどうしてよいかわからない」「そんな姿を見ているのも辛い。施設では暴れないで生活できているので、そのほうがよいのかもしれないと思ってしまう」

希望する1日の流れ

本人

平日：起床／楽しく過ごす／ママの手伝い／夕食／自由／就寝
休日：起床／ママとお出かけ・楽しく過ごす／就寝

生活状況［普通の1日の流れ］

本人

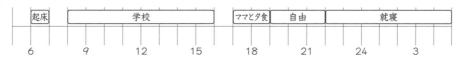

平日：起床／学校／夕食／自由／就寝
休日：起床／1日中施設で過ごす

〔その他の1日の生活の流れ〕 ※いくつかの1日の生活があれば、別紙に記入

本人

起床／学校／ママと夕食／自由／就寝

本人の概要

生活歴（病歴含む）

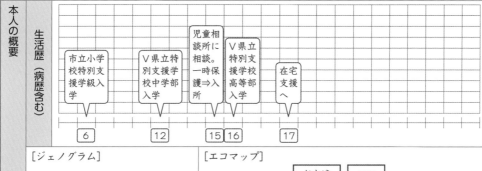

6	市立小学校特別支援学級入学
12	Ｖ県立特別支援学校中学部入学
15	児童相談所に相談。一時保護⇒入所
16	Ｖ県立特別支援学校高等部入学
17	在宅支援へ

［ジェノグラム］　［エコマップ］

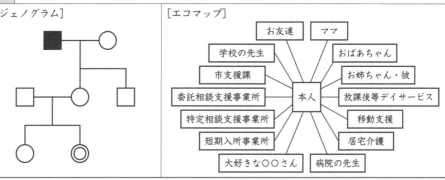

エコマップ：お友達、ママ、学校の先生、おばあちゃん、市支援課、お姉ちゃん・彼、委託相談支援事業所、本人、放課後等デイサービス、特定相談支援事業所、移動支援、短期入所事業所、居宅介護、大好きな○○さん、病院の先生

利用者の状況

項目	状況・意思			支援者の気づき	
	現状	本人の希望	本人の選好	記入者	記入者以外（専門的アセスメントを含む）

1 生活基盤・日常生活に関する領域

項目	現状	本人の希望	本人の選好	記入者	記入者以外（専門的アセスメントを含む）
住環境	県営住宅施設に入所していたことがある。生活は安定していた。	「お家で暮らしたい」		県内の中核都市。近くには国道も通っていて交通の便はとてもよい。施設での生活は本人としては友達もたくさんいて大好きな職員もいてそれほど嫌ではなかったよう。	
経済環境	母の就労による賃金障害児福祉手当1万4650円、特別児童扶養手当5万1700円、児童扶養手当4万2500円。			母は自営業。シングルマザーなので子ども2人を養うのは大変そうだが、姉も協力的。	

2 社会参加に関する領域（教育、就労を含む）

項目	現状	本人の希望	本人の選好	記入者	記入者以外（専門的アセスメントを含む）
趣味・旅行・レクリエーション	ディズニーランドが大好きで以前は母娘3人でよく行っていた。シルバニアファミリーも好き。	「3人でまたディズニーランドに行きたい」「ベルに会いたい」「おでかけしたい」「シルバニア森のカフェに行きたい」		新しい物好き。欲しいものなどは女子力高い系（キラキラしたものや女子高生が持っていそうなもの）	
当事者団体の活動					
自治会への参加	なし				
その他各種社会的活動					
就労	現在、特別支援学校高等部3年生在籍。学校ではいろいろなことに参加できている。係活動が得意。マラソン大会では5キロの部女子優勝。二つの事業所で実習をした。就労系の作業所よりもレクリエーションが随時入っている事業所のほうが楽しく通えていた。	「学校大好き、ずっと学校に行きたい」「将来はパン屋さんになりたい」		「卒業」というイメージはない様子。学校の活動も積極的に参加している様子。実習では先生がいないほうが積極的に頑張っていた。学校が現在の本人の生活の中心を担っている。学校には支援でもチーム桃子の中心を担ってもらっている。	「1回目の実習では同行していた先生に甘えてしまいやらないことがあったが、2回目の実習では先生がいなかったが積極的に参加することができていた。短期間での成長を感じた」（実習先の支援員）

3 コミュニケーションや意思決定、社会生活技能に関する領域

項目	現状	本人の希望	本人の選好	記入者	記入者以外（専門的アセスメントを含む）
意思表明	母や慣れている支援者には言葉で話す。簡単な会話も可。慣れていない人や嫌いな人とは一切言葉を話さない。	「上手に気持ちが伝えられないと暴れてしまう。どうすればいいのかわからない」			
意思決定	「好き・嫌い」「いい・いや」の選択はできる。			簡単な二択にすると選んでくれる。	
他者からの意思伝達の理解	会話のできる人とは簡単な言葉での理解。簡単な言葉に変				

	換し、二択にするとさらに可。				
コミュニケーションツールの使用（電話、FAX、パソコン、タブレット、インターネット）	タブレットは写真を見るのはできる。			母が撮りためてくれた自分の写真を見るのが好き。	
対人関係	同年代の友達とは仲よくできる。友達に「〇〇してください」など指示を出している。年下の友達の世話をするのが好き。大人と打ちとけるのは時間がかかる。好きな人には積極的にかかわろうとする。	「〇〇さん好き」「〇〇さん嫌い。怖い」		小学生の頃から知っている支援者が何人かいる。長い間チームで親子間のちょうどよい距離感を模索してきた。変わらないからこその関係があったように感じる。	学校では時々、ヘルプで入ってくれる先生の所に行くことが多い（かまってほしい様子）。シンプルな日課のほうが本人には入りやすい。お友達のなかではリーダー的存在。（学校の担任・進路指導の先生）
屋外移動やその手段（長距離、遠距離）	一人で外出するのが難しい。				
金銭管理	不可				

4 日常生活に関する領域

身辺のこと	自分でやろうと思えば大体できる。	「え〜。めんどくさい」「手伝ってほしい、介助してほしい」	できれば、やってほしいと思っている。	自分でできることは多いが、介助（支援）してほしいよう。かまってほしい様子があるように感じる。	
調理	一人では難しいよう。	「お母さんと〇〇作りたい」「パン作りたい」		家ではよく手伝いをしてくれるよう。	
食事	食欲は普通	嫌いなものは〇〇ちゃんのと交換。「だって食べたくないんだもん」		一人で箸も上手に使って食べられるが、混ぜてほしい・小さく切ってほしい・できれば口に運んでほしい。と思っているようで時々「やって!!」と言ってくる。	
入浴	一部介助	「お風呂大好き。バラのお風呂でキャンドルをつけて入りたい」（以前やった写真を見せて「いいでしょ」と）	大好きなようで長くゆっくり入る。		
清掃・整理整頓	要支援				
洗濯	要支援		家では母と一緒にやっているよう。		
書類整理・事務手続き	不可				
買い物	欲しいものを好きなだけ買いたいようで買えないと大暴れしてしまう。				

5　健康に関する領域

体力	細身・モデルのような体型。				
健康状態	良好				
医療機関利用状況	定期的に通院している。	「病院嫌い」	病院が本当に嫌なようで入るのも一苦労。	母一人では通院することができない。相談員が常に同行。	結節性硬化症で定期通院している。医師からは「今のところは血腫も増えておらず問題ないので様子観察」と言われている。
医療費・健康保険					
障害	療育手帳A 身体障害者手帳2種5級				

6　家族支援に関する領域

母	母子家庭なので母が就労しなければならない。忙しいなかで、通信教育で専門学校に通っていて美容師の資格を取ろうとしている。 子どもへの思いも強く、毎回カンファレンスでは泣いてしまう。子どもに対しても手を抜かない。けれども、本人が暴れてしまうと言うとおりにしてしまう。	「ママ大好き。ママが泣くの嫌」 「ママのお弁当おいしい」	母とのかかわりのなかで、自分の要求が満たされないと暴れてしまう。	子どもへの思いが強く、手を抜かないので、なんでもやってしまっていた。近すぎて距離感がわからなくなってしまったよう。(母・子) 大好きすぎてどうしてよいのかわからないので暴力になってしまったよう。	
姉	母とは友達親子のよう。美容師を目指し専門学校通学中。 資格取得後は彼と一緒に住むことを決めているよう。 本人のことは大好きでよく面倒をみてくれる。	「○○美人でしょ」と自慢のお姉さん。			

対応者所見のまとめ

母のことが大好きすぎて、どうしてよいかわからなくなってしまい、家で暴れてしまったが、しばらく離れて生活することでお互いに振り返りができたよう。お互いが楽しく生活できるように環境的配慮が必要。思春期を過ぎ、少し気持ちが落ち着いてきたところだと感じている。

ニーズ整理票

インテーク			アセスメント
情報の整理 （見たこと、聴いたこと、データなど：事実）			**理解・解釈・仮説** （作成者の捉えかた、解釈・推測）

<table>
<tr>
<td colspan="2">

本人の表明している
希望・解決したい課題
- ママ大好き。ママが泣くの嫌。
- お家で暮らしたい。
- 学校大好き、ずっと学校に行きたい。将来はパン屋さんになりたい。
- うまく気持ちが伝えられないと暴れてしまう。どうすればいいのかわからない。
- 3人でまたディズニーランドに行きたい。

（作成者の）おさえておきたい情報
- 母子家庭なので母が就労しなければならない。一方で、子どもに対しても思いが強く、手を抜かない。なんでもやってしまっていた。毎回カンファレンスでは泣いてしまう。
- 憧れである自慢の姉が4月から家を出ることになっている（母と2人になる）。
- 母や慣れている支援者には言葉で簡単な会話もできるが、慣れていない人や嫌いな人とは一切言葉を話さない。
- 上手に気持ちが伝えられないと暴れてしまう。母とのかかわりのなかで、自分の要求が満たされないと大暴れしてしまう。本人が暴れてしまうと母は本人の言うとおりにしてしまう。
- 身辺のことは大体できるが、「手伝ってほしい、介助してほしい」と言ってくる。
- 高校3年生なので卒業をしなければならないが「卒業」というイメージはない様子。
- 学校ではいろいろなことに参加できている。係活動が得意。マラソン大会では5キロの部女子優勝。学校は大好き。学校が現在の本人の生活の中心を担っている。
- 同世代の友人とは仲良くできる。
- 実習で事業所体験をした（軽作業など）。
- 小学生の頃から知っている支援者が何人かいる。長い間チームで親子間のちょうどよい距離感を模索してきた。
- ディズニーランドが大好きで以前は母娘3人でよく行っていた。

</td>
<td rowspan="1">本
人</td>
<td>

【生物的なこと】
- 小さい頃から支援者があまり変わっていなかったので、成長した心と対応のズレがあったのではないか。
- 母とはたわいのない話はよくできるが、これまで本人の気持ちや考えをじっくりと聞く機会がなかったのではないか。

【心理的なこと】
- 一人でできることは多いが、誰かに「やってもらいたい」気持ちが強い。
- 家族にはいっそう甘えてしまうのではないか。

【社会性・対人関係の特徴】
- 母は今までは姉（その彼）もいたので気晴らしになっていたが、本人と二人きりになるとどうかかわったらいいのかわからないのではないか。近すぎて距離感がわからなくなってしまうのではないか。
- 家の様子と学校の様子が違うことからも、環境（相手）によって、かかわり方を変えているのではないか。

</td>
</tr>
<tr>
<td colspan="2"></td>
<td>環
境</td>
<td>

- 急な変更のないような生活のほうが本人は落ち着くのではないか。
- あまり選択肢の多いような（生活リズムなど）ときにはどうしたらよいのかわからなくなってしまうのではないか。
- 決まった生活のなかでも、自宅、学校、短期入所先と少しずつ（ちょっとした）変化のある生活が好きなのではないか。ずっと同じ場所、人間関係では息が詰まってしまうのではないか。

</td>
</tr>
</table>

今回大づかみに捉えた本人像（100文字程度で要約する）

「ママが大好きだけど、上手に気持ちが伝えられないと暴れてしまうの。暴れたくないし、ママが泣いているのを見るくしてる。ママとも仲よくなって、お姉ちゃんと3人でまたディズニーランドに行きたいな」

出典：近藤直司『医療・保健・福祉・心理専門職のためのアセスメント技術を高めるハンドブック　第2版──

プランニング		
理解・解釈・仮説② (専門的アセスメントや他者の 解釈・推測)	支援課題 (支援が必要と作成者が 思うこと)	対応・方針 (作成者がやろうと思うこと)
● 内科医 結節性硬化症について、現時点では、血腫も増えていないため、様子をみるように。 ● 実習先の支援員 1回目の実習では同行していた先生に甘えてしまいやらないことがあったが、2回目の実習では先生がいなかったが積極的に参加することができていた。短期間での成長を感じた。 ● 学校の担任・進路指導の先生 学校では時々、ヘルプで入ってくれる先生のところに行くことが多い(かまってほしい様子)。シンプルな日課のほうが本人には入りやすい。友達のなかではリーダー的存在。	● 学校や実習先での積極的に頑張っている本人の姿を後押しする。 ● 本人もこの状況から抜け出したい。「暴力」という方法以外に気持ちを伝える手段、処理方法を見つけていく。 ● 支援者のなかで、本人の見方や支援の方向性の統一。 ● 卒業後の生活のイメージを共有していく。 ● 母への支援、フォローが必要。母の辛さに寄り添う。母に本人と向きあえるよう自信や安心感をもってもらう。 ● 引き続き、母との関係、距離感を模索する。 ● 思春期の揺れを受けとめる。 ● 3人でまたディズニーランドに行く機会をもてるよう働きかける。	● 頑張っている本人の姿をみんなで共有して応援する。 ● 卒業後の進路先を一緒に考える。 ● 母の話を聞く時間を設ける。 ● 母が不安なときは、本人とのやり取りをサポートする。 ● 親子が離れている時間をもちながら、本人の頑張っている姿を伝えていく。 ● 新たな親子関係でディズニーランドを楽しんでもらう。

のは嫌。でも、どうすればいいのかわからない。学校は頑張っているよ。できることもたくさんあるし、友達とも仲よ

ケースレポートの方法からケース検討会議の技術まで』明石書店、42頁、2015. を一部改変により作成

サービス等利用計画案・障害児支援利用計画案

利用者氏名（児童氏名）	山口　桃子　様	障害支援区分	
障害福祉サービス受給者証番号	○○○○○○○	利用者負担上限額	
地域相談支援受給者証番号		通所受給者証番号	

計画案作成日	○年○月○日	モニタリング期間（開始年月）	

利用者及びその家族の生活に対する意向（希望する生活）	（本人）「ママ大好き。ママが泣くの嫌」「お家で暮らしたい」「学校大好き、うまく気持ちが伝えられないと暴れてしまう。どうすればいいのかわからない。 （母）娘と一緒に暮らしたい。けど、暴れちゃうとどうしてよいかわからない。		
総合的な援助の方針	本人の「ママ大好き」という想いがカタチになるように、頑張っている姿をみ大人の階段を上っていくのをみていく。併せて、母のつらさにも寄り添う。母		
	長期目標	チーム桃子での情報共有の場を定期的に設けて、卒業後も継続して、本人の思	
	短期目標	卒業まであと少し、積極的に頑張っている姿をみんなにみせて、立派な社会人	

優先順位	解決すべき課題 （本人のニーズ）	支援目標	達成時期
1	頑張っていることを後押ししてほしい。卒業後の生活のイメージを一緒に考えてほしい。	卒業まであと少し、学校で頑張っている姿をみんなで共有して、応援する。	6か月
2	みんなが同じように支援してほしい。 うまく気持ちが伝えられないとき、どうしたらいいかやり方を教えてほしい。	大好きな学校を中心に情報共有をして、支援の方向性を検討していく。本人の思春期を全員で受けとめる。	6か月
3	母のつらさに寄り添ってほしい。本人と向きあえるよう自信や安心感をもちたい。	母の話を聞く時間を設ける。 母が不安なときは、本人とのやり取りをサポートする。 親子が離れている時間をもちながら、本人の頑張っている姿を伝えていく。	6か月
4	３人でまたディズニーランドに行きたい。	家族とディズニーランドに行く計画を立てる。	6か月

区分6	相談支援事業者名	E 相談支援センター
0円	計画作成担当者	○○○○
○○○○○○○		

3か月（○月○日）	利用者同意署名欄	山口　○○（母）

ずっと学校に行きたい」「将来はパン屋さんになりたい」「3人でまたディズニーランドに行きたい」

施設では暴れないで生活できているので、そのほうがよいのかもしれないと思ってしまう。

んなで共有して、応援する。ついつい距離が縮まってしまいがちな親子の距離感を振り返りながらも、
に本人と向きあえるよう自信や安心感をもってもらう。

春期を全員で受けとめる。

を目指す。卒業後の進路先を一緒に考えていく。

福祉サービス等 種類・内容・量（頻度・時間）	課題解決のための 本人の役割	評価 時期	その他留意事項
●学校 ●放課後等デイサービス（週3日、月15日） ●実習先	好きなこと、得意なことを頑張る。	3か月	実習等を通じて、卒業後の進路先を一緒に考えていく。
●チーム桃子（全関係機関） 母・本人・市の支援課・委託相談支援事業所・移動支援・居宅介護・学校・短期入所事業所・放課後等デイサービスなど	「暴れる」という方法以外で気持ちを伝える。	3か月	学校の協力のもと、1週間ずつの予定の提示をする。下校後どこに行くのかを学校で毎日確認する。
●母 ●特定相談支援事業所 ●移動支援（身体介護を伴う　月25時間） ●居宅介護（身体介護）※朝の登校時や外出時など ●短期入所（月14日）	学校や実習先で頑張っていることを自分からも伝える。 できることは自分でやるようにする。	3か月	
●母、姉	親子での楽しい思い出をつくる。	3か月	取り組みのなかで、新たな親子関係の形として、ディズニーランドを楽しんでもらいたい。

サービス等利用計画案・障害児支援利用計画案【週間計画表】

利用者氏名（児童氏名）	山口　桃子　様	障害支援区分	
障害福祉サービス受給者証番号	○○○○○○○	利用者負担上限額	
地域相談支援受給者証番号		通所受給者証番号	

計画開始年月	○年○月○日

	月	火	水	木
6：00	起床・朝の支度	起床・朝の支度	起床・朝の支度	起床・朝の支度
8：00	登校※	登校※	登校※	登校※
10：00				
12：00	学校	学校	学校	学校
14：00				
16：00	放課後等デイサービス	下校	放課後等デイサービス	下校
18：00	送迎		送迎	
	夕食	夕食	夕食	夕食
20：00				
	就寝	就寝	就寝	就寝
22：00				
0：00				
2：00				
4：00				

サービス提供によって実現する生活の全体像	母のつらさに寄り添い、親子が離れている時間をもちながらも、本人が学校で頑張っている姿をみんなで　　ていく本人の思春期の揺れを全員で受けとめる。その先に、本人の成長、新たな親子関係、本人が望む大

区分6	相談支援事業者名	E相談支援センター
０円	計画作成担当者	○○○○
○○○○○○○		

金	土	日・祝	主な日常生活上の活動
			●特別支援学校 ●放課後等デイサービス　週３回
起床・朝の支度	起床・朝の支度	起床・朝の支度	
登校※			
学校			
放課後等デイサービス			**週単位以外のサービス**
送迎			●短期入所 ●移動支援 ●居宅介護（身体介護） ※朝の登校時や外出時など、母が一人では 　不安な際にサポートする。
夕食	夕食	夕食	
就寝	就寝	就寝	

共有して、応援することで、母に本人と向きあえるよう自信や安心感をもってもらう。またチーム全体でも大人の階段を上っ
好きなママとの楽しい時間がみえてくる。

4 サービス等利用計画を作成する際の状況・ポイント

　自宅と短期入所先・特定相談支援事業所は同じ市内なので、すぐに駆けつけられることから、母も少しずつ自信を取り戻していった。そのため、「何かあったら受けとめてくれる」と安心感をもっている様子であった。その後、徐々に自宅での過ごし方も定着し、学校にもスムーズに行けるようになった。家族も学校もそれまで連携してきた各事業所も「これからの在宅での支援を支えていく」ことを共有できたので、在宅での支援が始まった。サービス等利用計画は、在宅での支援がスタートするタイミングで作成することにした。

　サービス等利用計画を作成する際には、今までの取り組みを継続できるようにすることを中心におきながら作成した。

　本人は「家族の仕事の都合等で見通しがつかない」ことが不安になったりしていたので、サービス等利用計画はわかりやすく、シンプルな表現とした。また、本人にとって下校後どこに行くのか、自宅なのか短期入所なのかなど急な予定変更がないように調整も行った。そして、なかなか言えない自分の気持ちを聞く時間をつくり、それぞれの関係職種等に伝える役割をつくることなども留意した。

　今まで、いろいろな桃子さんの姿を共有することで支援方法を検討し、彼女の「思春期」を関係者全員で受けとめてきた。ついつい距離が縮まってしまいがちな親子の距離感を振り返りながら、大人に成長していく桃子さんを今までの支援者で見守るように今までどおりの支援を行うようにした。

5 その後の支援

　その後、定期的にチームで集まり、モニタリングを行った。家庭でも成功することもあれば、気持ちが言葉でなく行動で出てしまうこともあった。しかし、そんなときは母もすぐに助けを出すようにしてくれるため、仕切り直しがしやすい。そのほかにも、二人きりで難しい通院などはチームで助けあいながら行うようになった。

　本人からは相変わらず「ママ大好き」「一緒にいたい」といった発言に加え、「高等部卒業したらずっとお家にいる」と言うようになっている。母も取り組みがスムーズにいけば、「うれしい反面、拍子抜けしてしまう」と発言している。移動支援などで、外出する際は自分の行きたいところなどを自分で決めて行っている。

　放課後等デイサービスでは楽しく友達と遊ぶ姿もみられている。デイサービスに行くときには少しためらうそぶりをみせるが、デイサービスの支援員が気持ちを受けと

めている。高等部卒業後の進路の話になり、「パン屋さんになりたい」「お母さんのお手伝いする」と相談支援専門員に話している。

6 相談支援専門員は「ここ」に注目する！

・思春期をどう受けとめるか、どう乗り越えるかという点では、困っている家族をどのように受けとめるかが重要になってくる。この事例においては、母に寄り添いながら、本人への支援は、学校を中心に放課後等デイサービス、ホームヘルパー、短期入所事業所などの支援機関がメインにかかわり、フォローしている。相談支援専門員としては、サービス等利用計画を立てつつも、家族への支援として母へのフォロー、アプローチを中心にその役割を担っている。話を聞く時間を設ける、不安なときは本人とのやりとりをサポートする、親子を離す時間をあえてもつなどしながら、母に本人と向きあえるよう自信や安心感をもってもらう。

・生活の場面ごとでふだんの本人とは違う姿がある。たとえば、家族の間では、母には大好きという感情がありながらも、思いどおりにいかないと攻撃的であったり、学校ではいろいろなことに挑戦し、友人の間ではリーダー的な存在で積極的であったり、いろいろな姿がある。さまざまな人と関係が広がるなかで、相手によって、環境によって使い分けている。こういった本人の姿を、関係機関が集まる機会を設けて、チームとして共有していく。チームのなかで、本人の見方や支援の方向性の統一を図り、そのことを本人や家族に伝えていくことが、少しずつ新たな自分や親子関係を構築していく後押しの一つになる可能性がある。

・学校との連携方法について、このケースでは、特別支援学校のため、また一時保護や短期入所先からの通学もあった関係で、かなり密に連携は図れている。実際は、特に特別支援学級や普通学級のケースは、連携がうまくとれないこともある。地域によって、連携の要となるのは、特別支援教育コーディネーターなのか、実情によりかなり違ってくる部分もあるかと思われる。いずれにしても、学校側の実情や考え方を把握しておくことが重要となる。連携をする際には「医療・保育・教育機関等連携加算」の活用も頭に入れておきたい。その際はサービス等利用計画に支援内容等を位置づけることが望ましい。

・18歳になると学校教育が終わり、ライフステージが移行していく。放課後等デイサービスも利用ができなくなるため、支援していくチームのメンバーも入れ替えがある。相談支援専門員として、事前に将来を見据えた支援や計画を進めていく必要がある。卒業後の進路先をどうするのかだけではなく、これまでの支援方針や本人の姿をどう引き継いでいくのか、卒業後の生活のイメージを共有していく。

事例 7 医療的ケアの支援体制の構築と本人の希望を読み取る支援をチームで考える

■ 渋谷明子さんと相談支援専門員とのかかわり

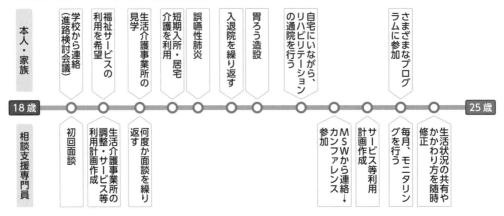

本人・家族

| 18歳 | | | | | | | | | | | | 25歳 |

- 学校から連絡（進路検討会議）
- 福祉サービスの利用を希望
- 生活介護事業所の見学
- 短期入所・居宅介護を利用
- 誤嚥性肺炎
- 入退院を繰り返す
- 胃ろう造設
- 自宅にいながら、リハビリテーションの通院を行う
- さまざまなプログラムに参加

相談支援専門員

- 初回面談
- 生活介護事業所の調整・サービス等利用計画作成
- 何度か面談を繰り返す
- MSWから連絡→カンファレンス参加
- サービス等利用計画作成
- 毎月、モニタリングを行う
- 生活状況の共有やかかわり方を随時修正

1 相談支援専門員がかかわるまでの本人の暮らし

　明子さんは仮死状態で出生した。自発的に呼吸ができず、低酸素脳症となり脳性麻痺の診断を受ける。

　1歳半の頃に、地域の療育機関に通園を開始。当初は母子通園から始めたが、誰とでも過ごせる様子がみられていた。通園を通じて少しずつ発語もできるようになってきたものの、四肢機能の回復は見込めずに3歳のときに身体障害者手帳を取得した。その後、5歳頃に痙攣がみられるようになり、大学病院を受診し、てんかん薬の内服を開始する。

　6歳の頃、学校側の配慮もあり地域の特別支援学級に入学する。交流クラスで音楽の授業などを通常級の子と一緒に受けることも多く、同級生が声をかけてくれることも多かった。5年生の頃に療育手帳を取得する。

　中学校進学時に特別支援学校に転籍すると同時に、現在の自宅へ転居をした。中等部2年生のとき、てんかん発作を起こしかかりつけの病院に救急搬送される。1週間

程度こん睡状態が続き、意識が戻るも再び発作が起きる。このときに主治医から意識は戻ったとしても、今後も発作は続くこと、また徐々にADL（activities of daily living：日常生活動作）が低下していく可能性があるという説明を家族は受けた。

　内服薬の調整を行い、数か月後に退院し特別支援学校への通学を再開した。高等部になり音楽部に所属。歌を歌ったりハンドベルを鳴らしたりしながら楽しそうに過ごしていたが、体調を崩し休む日も多かった。

2 相談支援専門員と出会うきっかけ（支援の始まり）

　明子さんとは、明子さんが通う特別支援学校高等部の進路担当の先生より「卒業後の進路について、一緒に検討してもらいたい」と連絡を受けたのが支援のきっかけであった。初回面談は、学校主催の進路検討会議に同席する形で行うこととなった。

　明子さんは人懐っこく、「お姉ちゃん、こんにちは」と笑顔を見せ、手に持っていた写真を相談支援専門員に見せてくれた。そのほか、お気に入りの俳優の写真や、家族や学校の先生と一緒に写った写真をたくさん見せてくれた。

　進路検討会議では、これまでの生活歴や学校生活での出来事、明子さんの興味のあることや学校で頑張ってきたことなど、これまでの報告が中心に行われた。その結果、学校からは、卒業後の進路は福祉サービスを利用することが望ましいのではないかと意見があり、両親としても、サービスを利用してほしいという希望だった。しかし、学校だけでなく母自身も地域の福祉サービスの情報が乏しかったため、生活介護事業所の調整とサービス等利用計画の作成でかかわることとした。

　後日、あらためて面談日を設定し自宅へ訪問した。仕事を休んでくれた両親から話を伺ったところ、本人は人とかかわることに対してはとても積極的であり、一人でいるよりも集団で生活をするほうを好む性格であることや、いくつかの選択肢のなかから自分の興味のあるものを選ぶ力があることがわかってきた。また先日一緒に見た写真以外にもたくさん持っているとのことで本人のアルバムを見せてもらうと、明子さんなりに写真の説明をしてくれる様子もうかがえたとともに、「お話しするのが好き」と教えてくれた。母の話では、学校の事務員がお姉さんのようにかかわってくれていたことが本人にとってとてもよい印象であったことがわかり、優しい雰囲気の人を好む傾向にあるということが把握できた。

　何度か面談を繰り返し、地域にあるいくつかの生活介護事業所を見学した。そのなかでレクリエーションや外出を中心に行っている事業所を見学した際に、本人も笑顔で見学していたため、後日体験利用を行い正式な利用へと至った。

　明子さんは日常的に小さな発作はみられていたが、大きく体調を崩すことはなく過

ごしていた。その後、家族の負担軽減の目的もあり短期入所や朝夕の居宅介護を利用し始め、本人もいろいろな人とのかかわりや日中活動を楽しみながら過ごすことができていた。しかし、22歳の頃より誤嚥性肺炎を患うことが多くなり、入退院を繰り返すようになる。食事形態の変更や車いすの見直し等もしたが改善せず、主治医の判断もあり25歳のときに胃ろうを造設した。これまで利用していた生活介護事業所への通所や短期入所サービスは中断し、リハビリテーションを通院で行いながら在宅での生活を中心に送っていた。

3 支援の経過

　通院リハビリテーションでは、主に理学療法と言語聴覚療法の訓練を中心に行ってきたが、数か月が経ちリハビリテーションの終了時期が近づいてきた。同時期に医療ソーシャルワーカー（MSW）から連絡を受け、「あらためて明子さんの生活を検討していきたいので、カンファレンスに出席してほしい」との依頼があり参加することとなった。カンファレンスには病院の関係者や胃ろう造設後より利用している訪問看護のスタッフも参加しており、明子さんの身体状況やリハビリテーションの経過、これまでの支援経過について確認することができた。

　カンファレンスのなかで主治医からは「リハビリテーションによって、ある程度体力の回復も図られてきたので、今後は体調に気をつけ、少しずつ明子さんのやりたいことをしながら過ごしてもらいたい。以前のような通所のサービスをもう一度考えてもらってもよいのではないか」との意見が伝えられた。

　訪問看護の事業所からは訪問状況と支援の内容が報告された。退院後より2週間に1回の頻度で訪問しながら、身体状況の確認と体調がよい日は経口摂取の練習をしていることがわかった。また、医療的な対応をすることへの不安感がある母に対し、訪問看護のスタッフが、医療面や生活面についての相談相手にもなっていることが把握できた。

　明子さん自身は、以前に比べてADLの低下が認められており、1時間程度車いすに乗ると疲労感がうかがえたり、発語の数が減っている様子がみられた。しかし「お友達と遊びたい」や「お出かけしたい」、「また△△（事業所）に行きたい」や「お散歩とかまた行きたい」などの希望が聞かれた。

　しかし母からは「とにかく今の身体の状態を維持してもらいたい。これ以上、体調を崩してほしくない」という思いと、「本人にはできる限り楽しく過ごしてもらいたい」という思いが交錯している様子がうかがえ、これからの生活に対して不安を抱いているようであった。

また「私たちが元気なうちは、できる限り自宅で一緒に生活を続けたい」という思いは確認しつつも本人の ADL の低下や日中の支援がこれまで以上に必要になっている状況もあり、母の負担が大きくなっていると考えた。

　カンファレンスの結果、明子さんはこれまでの生活状況からも活動的に過ごすことを望んでいるということが共有され、体調を優先しながらもいろいろな人とかかわることのできる環境に加えて自宅だけではなくさまざまな経験をしていくことができる体制を整えていくという方針が共有された。また、これからも自宅での生活を続けていけるよう、各種サービスを利用しながら、明子さんや家族の望む暮らしを支えていく体制づくりを目指すこととした。

一次アセスメント票
（情報の整理票）

作成者氏名	作成日
○○○○	○年○月○日

ふりがな	しぶや　あきこ	性別	住所	（〒○○○－○○○○） ○○○○○○○○○○○○○○		
氏名	渋谷　明子	女性				
生年月日	○年○月○日	25歳	連絡先	090-＊＊＊＊-＊＊＊＊		

本人の要望・希望する暮らし、困っていること・解決したいこと

（本人の主訴や選好をもとに意向を整理）
体調がよいときは、甘くておいしいものを味わいたい。お父さんとお母さんが好きだけど、ずっとお家だとつまんない。いろんな人とお話とか楽しいことをしたいな。

家族の要望・希望する暮らし、困っていること・解決したいこと

（両親）「体調に気をつけながら、これからもさまざまな人とのかかわりも大切にしながら楽しく生活してほしい」

希望する1日の流れ

本人

平日　6｜起床・注入｜生活介護利用｜注入｜就寝
休日　起床・注入｜注入｜注入｜就寝

6　9　12　15　18　21　24　3

生活状況［普通の1日の流れ］

本人

平日　起床・注入｜生活介護利用｜注入｜就寝
休日　起床・注入｜注入｜注入｜就寝

6　9　12　15　18　21　24　3

〔その他の1日の生活の流れ〕　※いくつかの1日の生活があれば、別紙に記入
本人

6　9　12　15　18　21　24　3

本人の概要

生活歴（病歴含む）

年齢	できごと
0	仮死状態にて出生・脳性麻痺の診断
3	身体障害者手帳取得・地域の療育機関の通園
5	てんかん発作を確認
6	特別支援学級に入学
11	療育手帳取得
12	特別支援学校入学
17	相談支援のかかわりが始まる
18	生活介護利用開始
20	短期入所利用開始
22	誤嚥性肺炎により入退院を繰り返す
25	胃ろう造設

［ジェノグラム］

［エコマップ］

W病院（皮膚科）　両親　指定特定相談支援事業所　W病院（内科）　本人　訪問看護事業所　居宅介護事業所　生活介護事業所　短期入所事業所

146

利用者の状況

項目	状況・意思			支援者の気づき	
	現状	本人の希望	本人の選好	記入者	記入者以外（専門的アセスメントを含む）

1　生活基盤・日常生活に関する領域

項目	現状	本人の希望	本人の選好	記入者	記入者以外
住環境	家族の持ち家。屋外から自室までのスロープ設置あり。		人形や家族写真、好きな芸能人のポスター等が貼られている。	自宅内はすべての部屋ではないが、車いすでの移動が可能な広さ。	「本人の好きなものはできるだけ応えるようにしています」（母）
経済環境	障害基礎年金1級				

2　社会参加に関する領域（教育、就労を含む）

項目	現状	本人の希望	本人の選好	記入者	記入者以外
趣味・旅行・レクリエーション	特定の映画俳優が好き。	「歌うのが大好き」	「ディズニー映画のお姫様を見ている」と言い、満面の笑みを見せる。見て楽しむものよりも体感できる活動に参加しているときのほうが表情がよい。		「いろんなことを体験してもらいたい」（母）
当事者団体の活動				母は医療的ケアを要する当事者の家族の集いに時々参加している様子。	
自治会への参加	父が参加している。				
その他各種社会的活動	特別支援学校時代の友人とは親同士が連絡をとりあっている。				「昔は障害者青年学級に行っていたこともありました」（母）
就労	就労の経験はない。			本人の状況から就労を目指すことは難しい。	「今は元気に過ごしてくれるだけで十分です」（父）

3　コミュニケーションや意思決定、社会生活技能に関する領域

項目	現状	本人の希望	本人の選好	記入者	記入者以外
意思表明	簡単な文章であれば話すことができる。自分の思いを伝えることができる。			嫌なときや気分が乗らないときは下を向いて反応をしなくなる。	
意思決定	2〜3個の選択肢から選ぶことは可能。指差しや「これ」と言いながら選択する。		かわいいものやきれいなものを選ぶ傾向にある。		
他者からの意思伝達の理解	わかりやすい表現が必要。	「お話するのうれしい」	特定の支援者（言語聴覚士・リハビリテーションスタッフ）といるときは満面の笑みを見せてくれる。	一人になると寂しそうな表情がみられるため、誰かと一緒にいたいのではないかと思われる。	知的レベルは7歳相当。
コミュニケーションツールの使用（電話、FAX、パソコン、タブレット、インターネット）		「写真は私の宝物だからね」	おもちゃのマイクとDVD、写真（好きなキャラクター）は肌身離さず持ち歩いている。	お気に入りの写真や人形を常に持っており、コミュニケーションツールの一つになっている様子。	

対人関係	人見知りはなく初対面の人とも一緒に過ごせる。	「お家にいるのつまんない」	優しい雰囲気の年上の女性を好む。		
屋外移動やその手段（長距離、遠距離）	介助型車いすを利用。				以前は簡易電動車いすを使用していたがADLの低下に伴い使用が難しくなった。「胃ろうに注意をすれば外出は問題ありません」（W病院MSW）
金銭管理	両親が管理。				

4 日常生活に関する領域

身辺のこと	ほぼ全介助ではあるが、声かけで上肢の曲げ伸ばしが可能。				
調理	自宅調理のものではなく、購入したソフト食等を摂取。				「危険性を考えた場合、買ったものを食べるほうがよいです」（W病院主治医）
食事	1日3回の胃ろうあり。喉越しのよいものは経口摂取ができる。	「甘いものが好き」			「日常的な食事の摂取は難しいです。特に咀嚼に課題があり、誤嚥性肺炎を引き起こす可能性があります」（W病院主治医）「少しずつ経口摂取の練習もしています」（W病院言語聴覚士）
入浴	週3回通所にて介助している。			自宅は古く入浴環境が整っていない。	「改修も考えましたが難しいようです」（母）
清掃・整理整頓	主に母が行っている。				
洗濯	主に母が行っている。	「かわいいお洋服が好き」			
書類整理・事務手続き	主に母が行っている。				
買い物	自分の好きなものを選ぶことができる。	「お買い物楽しいね」		家族やリハビリテーションスタッフと一緒に出かける機会がある。	

5 健康に関する領域

体力	1時間以上車いすで過ごしていると疲労感がうかがえる。		レクリエーションや外出の際は比較的長時間乗っていることもできるが、体調確認が必要。	定期的に静養の機会を設けることが必要。	「とにかく体調を考えて無理はさせたくないです」（母）
健康状態	アトピー性皮膚炎てんかん発作誤嚥性肺炎を繰り返したことがある。訪問看護を月2回利用中。			ADLの低下に伴い、徐々に経口摂取が難しくなっていった様子。	「発作は週2回くらいありますけど、座薬を使うのは年1回あるかどうかですね」（母）
医療機関利用状況	内科・皮膚科：月1回胃ろう交換：4か月に1回訪問看護を利用				「今後はリハビリテーションよりも現状を維持していくことが一番になります。できれば以前のようにどこかに通って、活動をすることのほうが必要です」（W病院主治医）「ペグ交換の際は1泊の入院を行っています」（W病院MSW）

					「体調がよい日は、少しずつ経口摂取の練習もしています。できれば自宅や事業所でも少しずつ続けていくことが必要です」(W病院言語聴覚士)
医療費・健康保険	国民健康保険 重症心身医療費助成制度				「訪問時は心身状況の確認だけでなく、お母様の負担軽減のための聞き取りも行っています」(訪問看護師)
障害	身体障害者手帳2級 療育手帳A 進行性の障害により医療的なケアが必要になった。			手帳は幼少期に取得した以降変更手続きはしていない。	「日々の体調管理は継続的に必要ですが、定期的に臥床する等の対応をすれば、大きく制限することはありません」(W病院主治医)

6　家族支援に関する領域

父	50代前半 会社員だが比較的時間をとることができるため、受診時等の協力は得られる。				
母	50代前半 本人の主介護者で体調面等の課題はないが、時々疲れをみせる。	「お父さんお母さんが好き」			「できる限りは自宅で面倒をみていきたい」 「できればお兄ちゃんには負担をかけたくない」(母)
兄	30代前半 県外に住んでおり、仕事が忙しく年に数日しか帰省することができない。				

対応者所見のまとめ

医療的ケア（胃ろう）が必要であり、日常生活においてはほぼ全介助を必要とする。体調の管理も必要であるが、生活上のさまざまな場面で本人の意向を確認しながら余暇や趣味の支援を行っていくことで、QOL（quality of life：生活の質）を維持していくことも可能と思われる。

ニーズ整理票

インテーク	アセスメント
情報の整理 （見たこと、聴いたこと、データなど：事実）	**理解・解釈・仮説** （作成者の捉えかた、解釈・推測）

本人の表明している希望・解決したい課題	（作成者の）おさえておきたい情報		
● 「甘いものが好き」 ● 「お家にいるのつまんない」 ● 「歌うのが大好き」 ● 「かわいいお洋服が好き」 ● 「お父さんお母さんが好き」 ● 「お話するのがうれしい」 ● 「お買い物楽しい」 ● 「とにかく体調を考えて無理はさせたくないです」（母） ● 「できる限りは自宅で面倒をみていきたい」（母）	● 簡単な言語であれば話すことができる。 ● 自分の思いを伝えることができる。 ● 言語聴覚士のリハビリテーションにて経口摂取を継続している。 ● 特定の支援者（言語聴覚士・リハビリテーションスタッフ）といるときは満面の笑みを見せてくれる。 ● 胃ろう部分に注意をすれば外出等も可能。 **【身体状況に関する情報】** ● 以前誤嚥性肺炎を繰り返し胃ろうとなっている。 ● 車いすを使用しており、日常生活全般において介護が必要であるが、声かけで上肢の曲げ伸ばしが可能。 ● 言語での快・不快や希望を訴えることはできる。 ● 疲労等がみられる場合は臥床等の静養する時間が必要。 **【環境に関する情報】** ● 定期受診・訪問看護を利用しており、身体状況の把握は継続できている。 ● 主介護者は母であり多少疲労感がある。 ● 訪問看護が母の支えになっている。 ● 父の協力も得られているが、普段は勤めに出ているため難しい。 ● 母が医療的ケアを必要とする家族会に参加している。	**本人**	**【生物的なこと】** ● 胃ろうにより生活面での制限があるが、心身状況を把握しながらであれば本人の希望する楽しみを継続することができるのではないか。 ● 重度の知的障害があるが、ゆっくりと本人の意向を確認することはできる。 **【心理的なこと】** ● 身体的な制限はあるが、自分の好む環境や希望することに取り組むことで生活への満足度が上がるのではないか。 ● 好奇心があり、新しい取り組みも受け入れて楽しむことができるのではないか。 **【社会性・対人関係の特徴】** ● 誰とでも過ごせるが、特に優しくてお母さんのような雰囲気の人を好む傾向にある。 ● 人や場所へのこだわりはないため、比較的いろいろな環境へ慣れることができるのではないか。
		環境	● 母は無理をさせたくないという思いを抱きつつも、負担にならない範囲であれば日常生活のなかでさまざまな体験をさせたいと思っているのではないか。 ● 母が主介護者であるため、負担を軽減するためのアプローチも必要ではないか。 ● 本人が安定した生活を送るためには関係機関で情報共有を密に行う必要がある。 ● 自宅環境を変えることは難しいため、本人の支援体制やその内容はこのまま継続することが望ましい。 ● フォーマルサービスで母の相談に乗っているが、同じ状況におかれている人との交流が図れることで、今以上に母の不安を解消することができるのではないか。

今回大づかみに捉えた本人像（100文字程度で要約する）
「私はこれからもお家で家族と暮らしていきたいです。楽しいことが好きだからもう一度遊んだりできるようになると

出典：近藤直司『医療・保健・福祉・心理専門職のためのアセスメント技術を高めるハンドブック　第2版——

		プランニング
理解・解釈・仮説② （専門的アセスメントや他者の 解釈・推測）	支援課題 （支援が必要と作成者が 思うこと）	対応・方針 （作成者がやろうと思うこと）
● W病院主治医 「日常的な食事の摂取は難しいです。特に咀嚼に課題があり、誤嚥性肺炎を引き起こす可能性があります」 「日々の体調管理は継続的に必要ですが、定期的に臥床する等の対応をすれば、大きく制限することはありません」 「今後はリハビリテーションよりも現状を維持していくことが一番になります。できれば以前のようにどこかに通って、活動をすることのほうが必要です」 ● W病院言語聴覚士 「体調がよい日は、少しずつ経口摂取の練習もしています。できれば自宅や事業所でも少しずつ続けていくことが必要です」 ● 訪問看護師 「定期訪問では心身状況の確認だけでなく、お母様の負担軽減のための聞き取りを行っています」	● 本人が日常生活のなかで楽しく安全に過ごせるための方法の検討。 ● 家族の介護負担を軽減しながら在宅での生活を継続するための方法の検討。 ● 心身面含め、関係機関で状態と情報を共有していきながら、安全面にも配慮した支援体制をつくる。	● 家族との時間を過ごしていくために各支援機関が定期的に情報共有を図りながら支援の統一を図る。 ● 本人にかかわる人すべてにアプローチの方法を統一する。 ● 主介護者である母の負担を軽減するための手段を検討する。

いいな。でもまた体調が崩れちゃうことは嫌だから、みんなに協力してもらいながらやっていきます」

ケースレポートの方法からケース検討会議の技術まで』明石書店、42頁、2015. を一部改変により作成

サービス等利用計画案・障害児支援利用計画案

利用者氏名（児童氏名）	渋谷　明子　様	障害支援区分	
障害福祉サービス受給者証番号	○○○○○○○	利用者負担上限額	
地域相談支援受給者証番号		通所受給者証番号	

計画案作成日	○年○月○日	モニタリング期間（開始年月）	

利用者及びその家族の生活に対する意向（希望する生活）	（本人（本人の主訴や選好をもとに意向を整理）） 体調がよいときは、甘くておいしいものを味わいたい。お父さんとお母さんが （母）体調に気をつけながら、これからもさまざまな人とのかかわりも大切にし
総合的な援助の方針	家族で過ごす時間を大切にしたいとの想いに寄り添いながら、自宅での生活を
長期目標	体調をみながら、飲み込みの練習等を行い、"食べる"という楽しみを増やせる
短期目標	自宅以外の場で、過ごす時間を設けながらさまざまな人との交流や、経験を積

優先順位	解決すべき課題 （本人のニーズ）	支援目標	達成時期
1	これからも家族と一緒に暮らしていきたい。	福祉・医療サービスを活用するとともに、家族・支援者間での連携をとっていく。	3か月
2	体調がよいときには、おいしいものを味わいたい。 いろいろな場所でいろいろな人とかかわっていきたい。	運動やレクリエーションを通して、楽しみ・興味をもてるような活動を検討し、提供する。	3か月
3	<家族> 家族の介護負担軽減を図りたい。	希望時に利用できるよう調整する。本人が安心して介助を受けられるよう、状況に応じて必要な情報提供を行う。	1年
4		さまざまな人と交流できる場を設けることで、本人・家族のかかわりを広げられるようになる。	3か月

区分6	相談支援事業者名	F 相談支援センター
	計画作成担当者	○○○○

1か月（○月○日）	利用者同意署名欄	渋谷　明子

好きだけど、ずっとお家だとつまんない。いろんな人とお話とか楽しいことをしたいな。
ながら楽しく生活してほしい。

継続できるよう、定期的に振り返りの場を設け、必要に応じて、体制整備や情報提供を行う。

ようになる。

んでいく。

福祉サービス等 種類・内容・量（頻度・時間）	課題解決のための 本人の役割	評価 時期	その他留意事項
●居宅介護（身体介護）　月15時間 　通所送迎時の送り出し・迎え入れ支援 　週3日 ●家族 ●訪問看護 　バイタルチェック・胃ろうボタンの確認・経口摂取の練習等 　月2回（水曜日） ●W病院 　定期通院 　月1回	支援を受ける際に、自分でできることにチャレンジする（手を伸ばす等）。	3か月	各支援場面で得られた情報を関係者で共有しながら、各支援機関でのかかわり方を個別支援計画や看護計画等に反映していく。
●生活介護 　日中活動にてレクリエーションや外出機会の提供等 　週3回（月・火・木曜日）	通所時は、無理のない範囲で、行事に参加し、楽しい時間を過ごす。	3か月	支援場面では可能な限り本人の意向を確認するとともに、そのときの表情や様子を観察する。 時期や体調をみながら、摂食練習も取り組んでいく。
●短期入所　月4日 　医療型短期入所事業所 ●訪問看護 　母からの生活状況の聞き取り等 ●訪問入浴 　週1回（金曜日）		6か月	
●医療的ケアの家族会 　○○の会 　1〜2か月に1回開催 ●特別支援学校時代の友達 ●家族と外出 　週末に体調等を考慮しながら ●指定特定相談支援	体調に合わせて○○の会やお出かけに行ってみる。	1か月	体調に合わせて友人や家族との外出を行い、たくさんの人とかかわりながら生活する。

サービス等利用計画案・障害児支援利用計画案【週間計画表】

利用者氏名（児童氏名）	渋谷　明子　様	障害支援区分	
障害福祉サービス受給者証番号	○○○○○○○	利用者負担上限額	
地域相談支援受給者証番号		通所受給者証番号	

計画開始年月	○年○月○日

	月	火	水	木
6：00				
8：00				
10：00	居宅介護：身体介護	居宅介護：身体介護		居宅介護：身体介護
12：00	生活介護	生活介護	訪問看護	生活介護
14：00				
16：00	居宅介護：身体介護	居宅介護：身体介護		居宅介護：身体介護
18：00				
20：00				
22：00				
0：00				
2：00				
4：00				

サービス提供によって実現する生活の全体像	各種サービスを利用することで、在宅での生活を継続できるとともに、心身面を考慮しながらの生活を送れるように生活介護や短期入所だけでなく、日常生活のなかで本人が選べる環境（食事や外出先の選択だけでなく、その日に着る心身状況は日々変化するため、毎月モニタリングを行いながら状況把握に努めていく。また関係機関全体で情報共有

	区分 6		相談支援事業者名		F 相談支援センター
			計画作成担当者		○○○○

金	土	日・祝	主な日常生活上の活動
			● 生活介護 　週 3 回（月・火・木曜日） ● 居宅介護 　身体介護 　週 3 日（15 時間） ● 訪問入浴 　週 1 回（金曜日）
	家族会		
訪問入浴			
			週単位以外のサービス
			● 短期入所　月 4 日 ● 訪問看護 　月 2 回（水曜日） ● W 病院（内科） 　月 1 回 ● 定期通院・てんかん薬処方 　4 か月に 1 回 ● レスパイト入院（胃ろうカテーテル交換） ● W 病院（皮膚科） 　2 か月に 1 回 ● 医療的ケア家族会 　1～2 か月に 1 回

していく。
洋服等も含めて）を設け、日常的に自己選択・自己決定をできる支援体制を整えていくことで、自ら希望する生活を送れるようにしていく。
を行い、統一した支援と共通した目標に向けた支援を展開することを目指し、生活の安定だけでなく本人の楽しみを応援できるようにする。

第 3 章　さまざまなケースにおける実践事例　事例 7

4 サービス等利用計画を作成する際の状況・ポイント

　以前からのかかわりのなかでサービス等利用計画は作成していたが、身体状況や生活状況の大きな変化に加えて、医療的な支援も必要となったため、医療機関を含めた明子さんの支援にかかわる人全員から再アセスメントを行いニーズ整理を実施した。

　その結果、今回のサービス等利用計画を作成する際のポイントを、①身体的・精神的な負担がないように支援方法の統一を図る、②本人の思いや希望を各関係機関が共有する、③家族の思いを汲み取るとともに負担軽減に向けた支援を図る、の3点とした。

　相談支援専門員は、上記の方針を大切にしながら明子さんのサービス等利用計画の作成を行った。そのなかで、明子さん自身が生活のなかで選択の機会が得られる計画づくりを意識した。

　また、家族の負担軽減に向けて、家族会についての情報提供を行い、同じ境遇にある人同士が支えあう力を活用することとした。

5 その後の支援

　サービス等利用計画の作成と並行してサービス提供事業所の検討を行った。居宅介護については、これまでの事業所から変更はなく、朝夕の支援を継続し、本人と年齢も近い女性ヘルパーに入ってもらったことで、お姉さん感覚で支援が行えるような体制をつくることができた。

　日中活動については、以前利用していた事業所では受け入れが難しかったため、別の生活介護事業所の見学を調整した。本人はレクリエーションで行われていた音楽会を見学して楽しそうにしている様子がうかがえていたが、見学先の事業所は医療的ケアが必要な利用者を受け入れたことがないため不安な様子であった。そのため、サービス管理責任者と看護師に訪問看護を利用している際のケアの状況や自宅での様子をみてもらえる機会を設けたことで、いくつかの条件（週数日の受け入れ・入浴はできない等）はあるが受け入れてもらえることとなり、本人の体力面の負担も考え週3日から始めることになった。また、関係者間の情報共有の方法として支援ノートを作成し、本人の支援方法や心身状況を随時共有できるようにし、生活介護事業所と訪問看護事業所、自宅で同様のケアを行えるようにした。

　日中の様子としては、生活介護事業所の支援スタッフを中心に、明子さんが楽しく参加できる活動を見つけるためにさまざまな工夫をしてもらえたことで、少しずつ以

前のような笑顔を見せる様子も増えていった。

　これまで訪問看護のスタッフが、母の相談相手となっていたが、相談支援専門員も母の負担や心配事を確認するために定期的な訪問を行うこととした。また家族会についての情報提供を行ったことで、同じ立場の家族とのつながりができたとともに、サービスや社会資源等の情報交換も行えるようになってきた。

　これまでの生活スタイルと変化が大きく、定期的な情報共有の場が必要と感じたため、毎月のモニタリングを実施し、明子さんの生活状況の共有やかかわり方を修正していった。今後は災害などに備え、福祉用具の業者を含めて、初期から中期的な対応について検討していくことが課題として挙がっている。

6 相談支援専門員は「ここ」に注目する！

・チームアプローチはケアマネジメントを展開するうえで必要不可欠な視点である。特に、今回の事例のような医療的ケアを必要とする人の場合、多くの機関との調整や連携が必要になり、医療機関だけでも複数の科にまたがることや、訪問看護や障害福祉サービス、児童期の場合は教育機関や療育機関がかかわることも十分に想定できる。相談支援専門員は各機関のことも理解しつつ、本人の生活を支えていくためのアプローチ方法を検討していくことが求められている。

・医療的ケアを必要とする人の支援を考えた場合、身体機能の低下予防や支援者である家族を含めた生活の安定という視点はとても重要となる。しかし安定だけではなく、どのように生活の質の向上を目指していけるかという視点も忘れないようにしたい。本人がもっている力や環境のストレングスにも着目し、無理のない範囲でその人らしい生活を送るための方針を検討することも相談支援専門員には求められている。

・今回の支援のポイントは、医療的なサポートも含めた支援体制を検討しつつ、本人の思いや希望をどのように汲み取り支援に反映させていくかという点である。本人から表明された希望や意向を、相談支援専門員だけでなく支援にかかわるすべての人が共有できたことで本人らしい生活に向けてスタートすることができた。

・一方で、意向を確認することが難しい利用者や、言語での意思疎通（表出）が難しい人もいる。支援者の思いやこれまでの支援経過から今後の支援方針を決めてしまったり、家族の意向だけで支援を展開してしまいがちだが、（相談支援・生活支援の）専門職として意思決定への支援の視点を忘れてはいけない。そのためにさまざまな創意工夫を行いながら支援を継続していただければと思う。

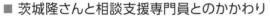

事例 **8**

▶本人の希望が読み取りにくいケースの支援

本人の希望がわかりづらい背景を探りながら必要な支援を考える

■ 茨城隆さんと相談支援専門員とのかかわり

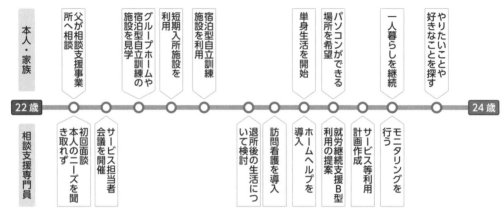

本人・家族	父が相談支援事業所へ相談	グループホームや宿泊型自立訓練の施設を見学	短期入所施設を利用	宿泊型自立訓練施設を利用	単身生活を開始	パソコンができる場所を希望	一人暮らしを継続	やりたいことや好きなことを探す

22歳 ○ ○ ○ ○ ○ ○ ○ ○ ○ ○ ○ 24歳

相談支援専門員	初回面談本人のニーズを聞き取れず	サービス担当者会議を開催			退所後の生活について検討	訪問看護を導入	ホームヘルプを導入	就労継続支援B型利用の提案	サービス等利用計画作成	モニタリングを行う

1 相談支援専門員がかかわるまでの本人の暮らし

　5歳の頃から、言語発達の遅れにより、医療機関を受診する。中学校は特別支援学校に入学するために、療育手帳の申請をするが、判定が下りず取得できなかった。高校は、特別支援学校高等部に入学し、在学中に再度、療育手帳の申請を2度するが取得できなかった。しかし、障害者枠で就職するため、障害者手帳が必要となり精神障害者保健福祉手帳を申請し取得。卒業後、工場に就職するが、幻聴や被害妄想感、自身の手の指の皮をむく、頭をうちつけるなどの行動が見られ精神科への通院を開始。仕事は継続していたが、幻聴等の悪化や人間関係のストレスも大きく、退職。

　母の話では元々学生の頃から人と話すのが苦手で、疲れが溜まりやすい性格のようだった。特に音に過敏で子どもの声や雷の音は学生の頃から苦手だった。本人の生活はすべて母がみていた。弟は子どもの頃は好きな野球を一緒に見たりしていて、仲は悪くなかったが、隆さんの生活に父や弟はあまりかかわってこなかった。

　高機能自閉症の症状や幻聴等の症状の影響もあり、うまく言葉や気持ちを伝えるこ

とができなかったためか、イライラすると自宅の壁を殴る蹴るなどの行動も見られた。また、自宅のパソコンで課金サイトを多く契約していたが、両親に言えずに多額の請求をされたことがあったため、パソコンのインターネット回線を解約することがあった。

　母から生活支援センターへの相談で以前の職場で人間関係のストレスにより退職した経過から、サポートを受けながら仕事をしたいと希望したため、家族の意向もあり就労継続支援B型の利用を開始。内職作業を個別の部屋で対応するなどして、音や人とのかかわりによるストレスを少なくして利用していた。しかし、通所開始後すぐに母が体調を崩し、その後他界。本人のことを理解していた母が亡くなったことにより、生活のリズムが崩れ、就労継続支援B型の利用を休みがちになり終了となった。

2 相談支援専門員と出会うきっかけ（支援の始まり）

　再び父が行政と相談支援事業所に相談したことからかかわりが始まった。本人は、父のことを怖がっており、あまり話さない様子であった。弟は、母の死後、家事を含む本人の世話を行っていたため、特に疲れている様子であった。本人は家事を手伝おうとするがやり方がわからないため、かえって負担が増えているということであった。そのため、父は他人に迷惑をかけないでほしいと希望している。本人は常に両耳をふさいでいすに座っていて、うずくまり、視線を合わせようとしなかった。こちらからの質問には単語で答え、基本は「できる」「できない」「わからない」などの返事をすることが多かった。こちらからの質問にはニコニコと笑顔を見せていたが、人が近くを通ったり大きな音がすると敏感に反応し、にらみつける様子もみられた。耳にヘッドフォンをかけ、音を遮断して対処をしている。自分から話しかけることはあまりないが、コミュニケーションの手段で相談支援専門員の誕生日などを聞いていた。

　面談時では、本人からはっきりと希望を言うことはなく、希望を聞いても「わからない」という言葉のみだった。その後、サービス担当者会議を開催し、本人は「家族にも迷惑かけている」とどうしたらいいかわからない様子。本人、家族それぞれの生活の立て直しが必要となり、自立した生活を提案し、合意。グループホームや宿泊型自立訓練の施設を見学、半年ほど短期入所利用を繰り返した。

3 支援の経過

　短期入所を繰り返し、施設での生活がイメージできた頃、宿泊型自立訓練の利用を開始した。調理、掃除などの家事は、一度一緒に行いながら教えるとすぐにでき、簡単な調理なら一人でもできた。集団での生活は、なんとなく人の輪の近くにおり、自然と交流ができた。ただ、音には敏感で、騒がしい音や長い時間集団場面にいることは難しかった。音を遮断するために、自室でじっとヘッドフォンをして過ごしていることも見られた。音楽は流れていなかった。

　困ったことが募ると、イライラし顔つきが変わることがあった。メモに書いて職員に渡す方法を提案し、本人は取り組み、困ったことを伝えられるようになってきた。また音を遮断するヘッドフォンに好きな音楽を流せばもっと気持ちが変わるのではと提案し、CDを購入し聞いてみることが増えた。

　2年の期間が終了する半年ほど前から退所後の生活の場について、本人と相談支援専門員、家族で検討した。環境が変わっても本人が困りごとを伝えられるように、退所前から訪問看護を導入した。「前ほどイライラしない」「声（幻聴）が聞こえる」など訪問看護師にも伝えられるようになった。また、自宅に外泊を行うと、家ですることを決めていても家事は弟が行った。自分でできる力はあるが、家では家族が行う形になった。

　一人暮らし、グループホーム、自宅のメリットやデメリットなどを考えた結果、できることは増えたが自宅では家族への負担が重いこと、集団場面の時間が長いと音で疲れることから「本当は家に帰りたいけど一人暮らしをする」と選択しつつも、「続けられるかどうかわからない」と不安な様子ではあった。特に掃除や買い物は心配だと話し、ホームヘルパーの導入を行うことになる。また、社会福祉協議会の日常生活自立支援事業による金銭管理、継続して訪問看護の支援も行い、まずは一人暮らしに慣れることを目標に単身生活を開始した。

一次アセスメント票
（情報の整理票）

作成者氏名	作成日
○○○○	○年○月○日

ふりがな	いばらき　たかし	性別	住所	（〒○○○－○○○○）
氏名	茨城　隆	男性		○○○○○○○○○○○○
生年月日	○年○月○日　　24 歳		連絡先	090-＊＊＊＊-＊＊＊＊

本人の要望・希望する暮らし・困っていること・解決したいこと

「できれば何もしたくない。何していいかわからない」「本当は家に帰りたいけど、一人暮らしをしてできることも増えてきた」「パソコンでインターネットをしたい。（自分の名前は）下の名前で呼んでほしい」

家族の要望・希望する暮らし・困っていること・解決したいこと

（父）人に迷惑をかけないで生活をしてほしい。
（弟）今の兄とは暮らせない、自分の生活もある し、昔は野球の話をしたり楽しかったけど。

希望する1日の流れ

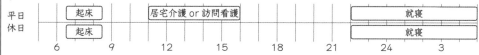

本人
平日：起床／就労継続支援B型／居宅介護／就寝
休日：起床／自宅ですごす
（6　9　12　15　18　21　24　3）

生活状況［普通の1日の流れ］

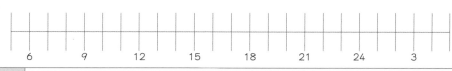

本人
平日：起床／居宅介護or訪問看護／就寝
休日：起床／就寝
（6　9　12　15　18　21　24　3）

〔その他の1日の生活の流れ〕　※いくつかの1日の生活があれば、別紙に記入
本人
（6　9　12　15　18　21　24　3）

本人の概要

生活歴（病歴含む）

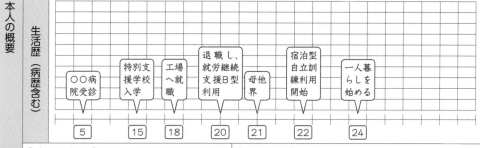

- ○○病院受診 … 5
- 特別支援学校入学 … 15
- 工場へ就職 … 18
- 退職し、就労継続支援B型利用 … 20
- 母他界 … 21
- 宿泊型自立訓練利用開始 … 22
- 一人暮らしを始める … 24

［ジェノグラム］

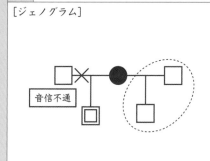

音信不通

［エコマップ］

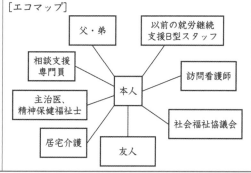

- 父・弟
- 以前の就労継続支援B型スタッフ
- 相談支援専門員
- 訪問看護師
- 主治医、精神保健福祉士
- 本人
- 社会福祉協議会
- 居宅介護
- 友人

利用者の状況

項目	状況・意思			支援者の気づき	
	現状	本人の希望	本人の選好	記入者	記入者以外 （専門的アセスメント を含む）

1 生活基盤・日常生活に関する領域

項目	現状	本人の希望	本人の選好	記入者	記入者以外
住環境	父と弟は一戸建てで暮らし。本人は単身アパートワンルーム。	「本当は家に帰りたいけど、だめって言う」「建物が頑丈なところでないといや」	生活の自立、家族の意向、単身生活検討になったことは了解。雷など大きな音が苦手なため、雷が落ちても大丈夫なところに住みたいと希望。	アパートでは単身生活。駅まではバスが出ており、実家からも10分程度。近隣にスーパーもある。	
経済環境	障害基礎年金2級と生活保護受給。	「毎月4万円おろしている。残ったら貯金をしている」		単身生活と同時に生活保護を申請。	

2 社会参加に関する領域（教育、就労を含む）

項目	現状	本人の希望	本人の選好	記入者	記入者以外
趣味・旅行・レクリエーション	自室にいることが多い。	担当（女性）が聞くと「言いたくない」 好きなことを行っているときは笑顔。	音楽や野球の試合結果などを自分で調べている。	好きなことや趣味はあるが、自分からは話したり人と一緒に楽しむことはない。特に同世代女性とは共有したがらず、自分の興味関心を伝えるのに恥ずかしさがあるのではないか。	
当事者団体の活動	なし 宿泊型自立訓練や就労継続支援B型事業所ではなんとなく利用者の輪の近くにいつもいた。	自立訓練や就労継続支援B型事業所では下の名前でいつも呼ばれ、そのときは笑顔。			
自治会への参加	なし				
その他各種社会的活動	なし				
就労	いくつかの就労継続支援B型事業所の見学に同行。就労や日中の活動先をいくつか提示するなかで、以前利用していた事業所にまた行きたいと希望している。	「家にいても暇」就労継続支援B型事業所を見学したとき、「待っているよ」と言われて笑顔だった。	大人数や大きな音や声がある所は好まない。	高校卒業後、障害者就労で工場で組み立て作業の就職経験あり。仕事は問題なかったようだが、本人の気持ちや考えが伝わらず人間関係でうまくいかず、ストレスだった。	作業能力は問題なく、手先も器用。同じことをずっと続けることもできている。個別の対応をしており、個室でヘッドフォンをしながら作業をしていた。（以前利用した就労継続支援B型事業所スタッフ）

3 コミュニケーションや意思決定、社会生活技能に関する領域

項目	現状	本人の希望	本人の選好	記入者	記入者以外
意思表明	わからない、言いたくないと話すことが多い。音が気になり、耳を常にふさぎ、ヘッドフォンをしている。	「言いたくない」「言いにくいことは紙に書いて渡している」		表情からイライラして言いたくないときと、恥ずかしくて言いたくないとき、わからなくて言いたくないときがある様子。イライラしたときの対処法として、音楽を聞いて落ち着くこと・紙に書いて渡すことを提案して実施するようになっ	困ったことにぶつかったときに溜め込まず、相談し対処法がわかれば悪化にはつながりにくい。（主治医、訪問看護師）

			た。		
意思決定	自分で希望があるときははっきり示せる。選択することができる。				
他者からの意思伝達の理解	本人が大切だと思うことはしっかりと覚えている。予定や時間なども忘れることはない。	「大丈夫」		一度聞いたことは忘れることはまずない。わかならければ納得するまで確認をすることができる。	
コミュニケーションツールの使用（電話、FAX、パソコン、タブレット、インターネット）	携帯、パソコンの簡単な操作やブラウザを開くことなどはできる。	「スマホがほしい」「パソコンでインターネットをやりたい」	インターネットで野球の結果や天気予報を調べる。	以前自宅で課金サイトに多数契約をして高額請求がきてしまったことがあり、父にスマートフォンやパソコンの購入を反対されている。図書館や地域活動支援センターでパソコンを利用している。	
対人関係	親しくなりたい人には名前や生年月日を聞く。自分から人懐こく寄っていく。	「子どもの声を聞くとイライラする」「自分のことを下の名前で呼んでほしい」	人が多くいるとイライラする。自分のことを〇〇と呼んでと伝える。年齢の近い異性には話しづらそうなときがある。	人間関係のストレスで以前働いていた工場を退職したが、理解のある人が近くにいれば相談することができる。	
屋外移動やその手段（長距離、遠距離）	不安を感じながらも電車、バスの利用はできる。	「人がいるところはイライラする。バスは乗れるようになった」	なるべく人が少ない車両を選んでいる。	自信がないと言いながらも、雷を避けるために他県まで電車で外出するなど、力はある。	
金銭管理	毎月口座から４万円をおろして、自己管理。無駄遣いなく使えている。	「できるようになった」		１か月で必要な生活費は把握しており、無駄遣いなく生活することができている。	たくさん渡すと使ってしまわないか心配。（父）１か月枠をつけるとその中でやりくりできる。（社会福祉協議会）

4　日常生活に関する領域

身辺のこと	ADLは自立。自宅では家事は母が行っていた。自分ですることがなかった。母死去後は、結果弟が行うため弟に負担がかかっていた。			自立訓練で覚えた家事は、自宅での外泊の際はやらず家族が行った。本人と家族のペースが合わないこと、家では家事は家族がしてくれると思っていることが推測される。	
調理	家事援助利用。簡単な調理を一緒に行っている。	「練習した焼きそばやパスタを作る。野菜は嫌い」		自立訓練、スタッフが一緒に教え行うとできることが増えていった。簡単なものなら手順を覚えること、自分一人で行うことはできる。	一度作ったことがあるものは一人でできている。（ホームヘルパー）
食事	栄養の偏りに心配があるが、自炊やお弁当などで済ませている。	「パスタが好き」	食事が偏食になっている。	体によいものではなく、食べたいものが主になる。	メニューの提案もしているが決まったものになりがち。（ホームヘルパー）
入浴		「毎日入っている」	お風呂は毎日入るものと思っている。	習慣的な決まりごととして入っている。	
清掃・整理整頓	ホームヘルパーが来た日に行う。水回りはホームヘルパーに	「掃除はあまりしない。一人だとやらない」「外の声		ホームヘルパーや訪問看護師が来たときにはカーテンを開	

	掃除をしてもらっている。自室は自分で行う。外の声が気になり、閉め切りのためカビが生えてしまった。	が気になるから窓をしめてカーテンもしめている」		け、窓を開けることを行って、換気を促す。帰るとすぐに閉めている。	
洗濯	自分で決まった曜日に行っている。	「溜まったらやっている」		習慣的な決まりごととして行っている。洋服以外を必要に応じて洗うことは難しく、支援で協力している。	
書類整理・事務手続き	社会福祉協議会の日常生活自立支援事業を利用し、書類の管理をしている。	「わからない」「溜まったら見てもらっている」		書類の重要性を判断することが難しい。郵送物や書類はまとめて保管しておくことができている。	箱を用意してもらい、郵便物などを溜めておいてもらい、確認を月に1回行っている。（社会福祉協議会）
買い物	近隣にスーパーがあり買い物に行くことができるが、子どもの声が聞こえると行けなくなってしまうことがあり、ホームヘルパーに買い物をお願いすることもある。	「近くならいける」「できないときはホームヘルパーに買ってきてもらっている」			

5　健康に関する領域

体力		「運動は好き」			
健康状態	中肉中背	「特に大丈夫」		病気はないが、食事の偏りから栄養面に心配あり。	常に耳をふさいでおり、空笑もある。本人は否定することがあるが、おそらく幻聴が聞こえているのではないか。服薬通院は継続が必要。自傷行為などは最近は見られない。（主治医）
医療機関利用状況	忘れずに定期受診を行っている。	「月に1回受診している。近くの病院に変えたい」	電車に乗って通院。		
医療費・健康保険	生活保護				
障害	精神障害者保健福祉手帳2級。療育手帳は学生時代に2度申請するが、通らなかった。	「よくわからない」		「わからない」と答える理由がいろいろある。また対処法が少なくイライラにつながることが多かった。	

6　家族支援に関する領域

父（義父）	近くで弟と二人暮らし。本人のことは母に任せきりだったが、他界してから本人とかかわるようになる。しっかり自立させようと叱ることが多かった。	本人が家で暮らしたい思いも叶えたいが、弟が成人して自立するまでは、少しでも自立できるようになっていってほしい。	本人のことは大切に思っている。本人は父を頼りにしていることも多い。	弟が独立したら、いずれまた本人と生活することも視野に入れている。	
弟	専門学生。弟が高校生の頃母が他界。部活なども辞めて父がいないときに本人の生活、食事などをみていた。弟の疲弊感や負担感が強かった。	自分のこともあるので兄の生活までみるのは大変、疲れた。勉強にも集中したい。	共通の趣味もあり（野球）、母が健在のとき、兄弟仲は悪くなかった。	それぞれの生活が安定すれば関係性は元に戻るだろう。	

164

対応者所見のまとめ

「わからない、言いたくない」ことが多く「何もしたくない」と言うが、本人の表情やしぐさから希望などがうかがえる。パソコンやなじみの仲間との交流は表情がよい。具体的な対処法を伝えることで取り入れることができ、気持ちを表現しやすくなってきた。生活は、他界した母や家族に支えられていたため、家で家事は家族がしてくれるものと本人は思っている様子。また本人のペースと家族のペースが異なり、結果家族負担が重くなってしまう。一人暮らしではわからないことや経験がまだ少ないが、一度覚えると行動することができている。

ニーズ整理票

インテーク		アセスメント
情報の整理 （見たこと、聴いたこと、データなど：事実）		理解・解釈・仮説 （作成者の捉えかた、解釈・推測）

本人の表明している希望・解決したい課題	（作成者の）おさえておきたい情報		理解・解釈・仮説
● 本当は家に帰りたいけどだめっていう ● 家にいると暇 ● スマートフォンがほしい ● パソコンでインターネットをやりたい ● 掃除はあまりしない 　一人だとやらない ● （書類の管理は）わからない	● 人が多くいるとイライラしてしまう。 ● 自宅では家事は母が行っていた。自分ですることがなかった。母死去後は、結果弟が行うため負担がかかっている。 ● 自立訓練で家事を覚えた。家では自分で行うことはなかった。 ● ホームヘルパーと一緒に買い物、掃除など行いながら生活を続けられている。 ● 母が亡くなる頃まで就労継続支援B型を利用。個別の対応をしており、個室でヘッドフォンをしながら作業をしていた。 ● どこか（就労継続支援B型）に通いたいと思っている。 ● 働いていたときは作業は問題なかったが、本人の気持ちや考えが伝わらず人間関係で苦労しストレスだった。 ● パソコンの簡単な操作やブラウザを開くことなどはできる。 ● 自宅にいる頃に課金サイトを契約して高額な請求がきたことがあり、父はパソコンやスマートフォンの購入を反対している。 ● ホームヘルパーが来たときに掃除を行う。 ● 音が気になり、窓やカーテンを閉め切りにしてしまうため、カビが発生してしまった。 ● 言いたくないと話すが、笑顔のとき（野球や音楽）やイライラしている（集団、難しい書類、初めてのこと）などの表情が異なる。 ● わからないことがあると聞くことや電話をすることができる。 ● 郵送物や書類はまとめて保管しておくことができている。 ● イライラしたら音楽を聞いたり紙に書いて落ち着くなど、自身で対応ができている。 ● 就労継続支援B型事業所から「待っているよ」と言われたとき笑顔だった。 ● 自立訓練、就労継続支援B型事業所ではいつもメンバーから下の名前で呼ばれ笑顔だった。自らいつも仲間の輪の近くにはいた。 ● 人懐こい一面もあり。	本人	**【生物的なこと】** ● 段取りや手順がはっきりすることでできるようになるのではないか。 ● やりたいことについて、「言いたくない、わからない」と話すが、知らない、もしくは自信がないだけで、やりたいことはあるのではないか。 **【心理的なこと】** ● 実家では以前のような生活に戻ってしまう可能性がある。 ● 今までやってこなかったことに対し、不安もあるが、少しずつ練習してできることが増え、自信をつけることができているのではないか。 ● 仕事の退職、ネットの高額請求や弟に負担をかけたことなど失敗体験が重なり自信のなさから気持ちを表さないのではないか。 **【社会性・対人関係の特徴】** ● 「わからない」という言葉は経験のなさから選択肢が少ないのではないか。 ● 気持ちがうまく伝わらないことで関係が悪くなり、自信がなくなることがあるのではないか。 ● 仲間や受け入れられる関係性を求めているのではないか。 ● 同世代の異性とは話しづらいことがあるのではないか。
		環境	● サポートを受けながら生活ができているので、現段階では自宅に帰らずに、自分でできることを増やして自信をつけながら単身生活を続けていける。 ● 人懐こい性格のため、環境を整えれば日中活動は可能。 ● 家族に対しては甘えてしまうが、困ったときに助けてもらえる存在だと認識している。 ● 自分を受け入れてくれる（下の名前で呼んでくれるような）人たちのなかにいて過ごしたいのではないか。

今回大づかみに捉えた本人像（100文字程度で要約する）

「やりたいことって聞かれても、よくわからないけど、うるさいのは嫌だ、イライラする」
「本当は家に帰りたいけど、だめってお父さんが言う、なんでかな。一人暮らしをしてできることも増えてきた。わか
「部屋にいると暇かな、パソコンをもっと自由にやりたい、天気とか野球とか調べたい」
「前のB型で「待ってるよ」と言われたのはうれしかったな、昼間またどこかに行ってもいいかな。自分のことは下の

出典：近藤直司『医療・保健・福祉・心理専門職のためのアセスメント技術を高めるハンドブック　第2版——

		プランニング	
理解・解釈・仮説② (専門的アセスメントや他者の 解釈・推測)	支援課題 (支援が必要と作成者が 思うこと)	対応・方針 (作成者がやろうと思うこと)	
● 精神科医、訪問看護師より 空笑などがあり、本人は否定する ことがあるが、幻聴はある。服薬 通院は継続が必要。 困ったことにぶつかったときに溜 め込まず、相談し対処法がわかれ ば悪化にはつながりにくい。自傷 行為などは最近は見られない。	● 本人の「わからない、言 いたくない」という言葉 の理由を推測し、確認し ていく。 対処法がわからないとき は、方法を一緒に考える。 情報知識が足りないとき は伝えていく。 言いたくない理由が明確 なときは無理をしないで 表現していける方法を一 緒に考える。 本人が選べるような選択 肢を提示する。 ● 本人の生活に張りが出 る、関心や興味を確認し ていく。就労継続支援Ｂ 型の通所を再開する。 ● 本人が求める「仲間」と の過ごし方を知り、増や していく。 ● 自宅で暇な時間に何かで きることがないか。 ● サポートを受けながら、 生活を続けて少しずつで きることを増やして自信 をつける働きかけを行 う。	● 好きなこと（パソコン）で人や場所とつな がりをもつ。 ● 本人ができるようになったことを目で見 てわかるように達成度をつけていく。 ● 何をやりたいか伝えるのが苦手なので、一 つずつ一緒に取り組んでいく。 ● 本人の気持ちの伝え方・表し方をかかわる 人で共有する。理解者が増え、安心して伝 えていくことで興味や関心も広げていく。 ● 苦手なことの対処法を具体的に考え、本人 が選んでいけるようにする。 ● できることは自分で行い、苦手な部分を協 力してもらう生活を継続していく。 ● 生活が安定し自立していく取り組みを家 族と共有し、家族に気持ちを伝えていく。	

らないことを教えてもらえるし」

名前で呼んでくれないかな？　あと、男性のほうが話しやすいんだ」

ケースレポートの方法からケース検討会議の技術まで』明石書店、42頁、2015．を一部改変により作成

サービス等利用計画案・障害児支援利用計画案

利用者氏名（児童氏名）	茨城　隆　様	障害支援区分	
障害福祉サービス受給者証番号	○○○○○○○○	利用者負担上限額	
地域相談支援受給者証番号		通所受給者証番号	

計画案作成日	○年○月○日	モニタリング期間（開始年月）	

利用者及びその家族の生活に対する意向（希望する生活）	（本人）一人暮らしをしてできることも増えてきた、本当は家に帰りたいけど。 （父）人に迷惑をかけないで生活をしてほしい。 （弟）今の兄とは暮らせない、自分の生活もあるし。昔は野球の話をしたり楽し
総合的な援助の方針	わからないことや困ったことを一緒に考える体制をつくり、好きなこと楽しい
長期目標	好きなことや好きな仲間との時間を増やして、快適に生活できたことを家族に
短期目標	A事業所でパソコンを教えてもらいながら、楽しめる時間を増やす。インター

優先順位	解決すべき課題（本人のニーズ）	支援目標	達成時期
1	家にいると暇。前に行ってた事業所にまた行きたい。パソコンでインターネットをやりたい。	家にいる暇な時間を減らして、楽しみを増やす。	6か月
2		パソコンを利用できるところの情報を伝え、練習の機会をつくる。	3か月
		自宅で暇なときの過ごし方を一緒に考えていく。	3か月
3	一人ではできないことがある。	自信のない家事などを一緒に行い、できることを増やしていく。	1年
4	子どもの声を聞くとイライラする。	イライラしたときの対処法を一緒に増やしていく。	1年

区分2	相談支援事業者名	G相談支援センター
0円	計画作成担当者	○○○○

1か月（○月○日）	利用者同意署名欄	茨城　隆

部屋にいると暇かな。インターネットをやりたい。下の名前で呼んでくれないかな。

かったけど。

ことの時間が増えるように取り組む。

伝える。

ネットを使って、天気や好きな音楽のことなどを調べることを続ける。

福祉サービス等 種類・内容・量（頻度・時間）	課題解決のための 本人の役割	評価 時期	その他留意事項
● 就労継続支援B型/A事業所 　週2日からの利用	好きな音楽を聞きながら、バスを使って通ってみる。 どの作業が好きか得意か試してみる。	1か月	週2日から通い始め、自信がついたら少しずつ日数を増やしていく。
● 就労継続支援B型/A事業所 ● 図書館、漫画喫茶など ● 地域活動支援センター	パソコンを借りて、天気予報や好きな野球の情報などの調べ物をする。	1か月	野球好き・パソコン好きな職員が協力できる。
● 相談支援専門員　随時	好きなことや興味あることを書き出していく。	1か月	担当の相談員（女性）のほか、もう1名野球好きの男性の相談員も手伝う。
● 居宅介護（家事援助） 　掃除、買い物 　週2日　1回1時間　月15時間まで ● 社会福祉協議会　月1回	できるようになったことがわかるようにリストを作る。 支援者が来たら窓を開ける。	3か月	リストやメモはみんなで確認して協力することができる。確認してもらう。
● 精神科通院　Z病院　月1回 ● 訪問看護　Bステーション　週1回 ● 相談支援専門員　随時	好きな音楽を聞いて楽しむ。何に困ったのかメモしておく。 支援者が来たら窓を開ける。	3か月	

サービス等利用計画案・障害児支援利用計画案【週間計画表】

利用者氏名（児童氏名）	茨城　隆　様	障害支援区分	
障害福祉サービス受給者証番号	○○○○○○○○	利用者負担上限額	
地域相談支援受給者証番号		通所受給者証番号	

計画開始年月	○年○月○日

	月	火	水	木
6：00				
	起床	起床	起床	起床
8：00				天気予報（NHK）
10：00				
12：00	就労継続支援B型 A事業所	部屋で過ごす	部屋で過ごす	就労継続支援B型 A事業所
14：00		訪問看護	家事援助（買い物、掃除）	
16：00				
18：00				天気予報（NHK）
				夕食、入浴など
20：00				
	就寝	就寝	就寝	就寝
22：00				
0：00				
2：00				
4：00				

サービス提供によって実現する生活の全体像	ホームヘルパーや訪問看護師に家事や暮らしていて困ったこと、体調のことを相談しながら、一人暮らしA事業所で好きなパソコンを楽しみながら通うことで暇な時間が減り、楽しむ時間が増える。一人でできないことも一緒に取り組むことで、少しずつ自信をつけることができる。

| 区分 2 | 相談支援事業者名 | Ｇ相談支援センター |
| 0 円 | 計画作成担当者 | ○○○○ |

金	土	日・祝	主な日常生活上の活動
			● 週 2 日の就労継続支援Ｂ型の通所を開始。自宅では音楽を聞いて過ごすことが多い。 ● 週 1 日訪問看護 ● 週 2 日ホームヘルパー ● 週 1 日図書館や地域活動支援センター（パソコン）
起床	起床	起床	
パソコンをする	部屋で過ごす	部屋で過ごす	
家事援助（買い物、掃除）			
			週単位以外のサービス
			● 精神科通院　月 1 回 ● あんしんサポート　月 1 回
就寝	就寝	就寝	

を継続する。

4　サービス等利用計画を作成する際の状況・ポイント

　母から相談を受けた初回の面接から本人とかかわり始めて約3年が経過し、一人暮らしの生活が始まって3か月が経過した。少しずつ一人暮らしの生活にも慣れ、買い物や水回りの掃除・換気をホームヘルパーが協力し健康的な生活環境を維持でき、訪問看護師と相談しイライラの解消をすることができていた。「わからない」「言いたくない」と以前はよく話していたが、定期的な支援者の訪問時に伝えるというペースができ、少しずつ言語化することができるようになってきた。

　家での生活は安定していたが、家のなかで過ごす生活が続いていた。相談支援専門員が訪問を繰り返すうちに、天気予報や好きな野球の球団の情報を調べたいと話した。一人暮らしに慣れる支援から、自信や興味を広げる支援も開始。図書館に一緒に行きパソコンを利用、以降は一人で図書館に週に1回程度行けるようになった。

　自分から話しかけることや電話で「次はいつ来ますか」「イライラしてます」と自ら相談することが増えてきた。日中の居場所があれば相談もしやすくなると考え、日中パソコンの時間を増やしてみないかなど、興味があることを提案した。以前利用していた就労継続支援B型でもパソコンを使えることがわかり、見学をした。なじみの職員とメンバーから「いつでも待ってるよ」と言われたときは、笑顔だった。体験利用を経て正式に再利用をすることになる。

　就労に向けて就労継続支援B型を利用するのではなく、自信や興味を広げるための取り組みであることも明記し、事業所とも共有した。パソコンをやりたいという希望に対しパソコンができる場所を伝えるだけでなく、パソコンでどんなことをやりたいか、趣味の話は異性である相談員より同性の仲間や支援者とのほうが話しやすい様子もみえ、誰と行っていくかなども記載をした。はっきりとしたニーズや言葉が少ないなか本人と時間をかけながら少しずつこれからもちょっとした言葉が聞けるようにモニタリングは1か月ごと、支援者全体で密なかかわりを継続するプランとした。

5　その後の支援

　現在も居宅介護や訪問看護を利用しながら一人暮らしを継続。就労継続支援B型にバスを使って一人で週に2回通所している。仕事ぶりは真面目で正確なため信頼されている。下の名前で呼んでくれるメンバーも増えて笑顔で過ごせている。好きなパソコンも週に1度、地域活動支援センターで行い、野球や天気予報などを見て過ごしている。好きな野球の話題ができる人はまだ多くなく、特定の男性職員のみだが、ど

んな球団や選手が好きか、なぜ野球が好きかなど少しずつわかってきた。今後、就労継続支援B型事業所の野球好きのメンバーと話ができるようになればと思う。

　父もサポートがあることに安心をしたようで、当初は週に1回は本人の様子について連絡があったが、現在は相談支援専門員への連絡も回数が少なくなってきている。

　弟は学業に集中できるようになり、時々本人がどんな暮らしをしているのか父に聞くこともあるようである。

　本人はその後も「運動をして体を動かしたい」「旅行に行きたい」と話すようになっている。「イライラしたら〇〇に相談します」と自分で伝え、対処することもできるようになった。言葉遣いも丁寧になり敬語を使うようになってきた。実家のことを気にすることもあるが、モニタリング時に父から聞くことで今は安心している。

　少しずつではあるが本人とかかわるなかで、同世代の異性である支援員とも会話の幅が広がってきている。言葉は単語で本人が真に考えていることがすべて理解はできないが、だからこそさまざまな場面で、共通の目的と目標、方法をもってかかわること、支援者が些細な変化や言葉に気づき共有しあうこと、表現されたものはみんなが大切に対応することが必要だと考えている。また、電話相談を使って担当不在時もほかのスタッフに相談することもできるようになってきた。

　今後も本人が少しでもやりたいことや好きなことを見つけながら、また父や弟も安心して生活できるようなかかわりを継続していく。

6 相談支援専門員は「ここ」に注目する！

・本人からニーズが見えづらいのは、病状や障害が原因とは限らない。これまでの経験であったり、伝える方法がわからなかったりなど、その理由はさまざまである。相談支援専門員は本人なりの理由を推測し、支援者とともに確認する。

・ニーズが表明されない理由ごとに、次の支援（サービス調整のほか、本人がどう伝えるか、どんな対応を誰がするのか）を検討し、支援者すべてが共通した理解と支援を継続できるよう、相談支援専門員は情報提供、担当者会議の活用、本人も一目でわかるようなサービス等利用計画作成の工夫（留意点の活用）をしていく。この経過を通じて、本人は意向を徐々に伝えられるようになっていく。

・意志形成支援・意思表明支援の視点においては、相談支援専門員は、本人が安心して利用できる就労継続支援B型の再利用を調整している。話しやすい仲間（ほかの利用者）がいる環境を通じて、本人は意向を示すことができている。その結果、他者や家族とのつながりもでき、本人の希望する生活の実現に近づいてきている。

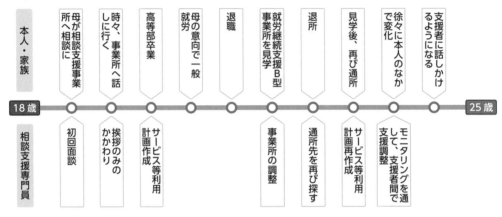

> ▶強度行動障害のある人への支援
>
> # 事例 9
> # 症状が強くなった要因を共有しながら、本人の生き方について考える

■ 松山雄一郎さんと相談支援専門員とのかかわり

本人・家族

| 18歳 | | | | | | | | | | 25歳 |

- 母が相談支援事業所へ相談に
- 時々、事業所へ話しに行く
- 高等部卒業
- 母の意向で一般就労
- 退職
- 就労継続支援B型事業所を見学
- 退所
- 見学後、再び通所
- 徐々に本人のなかで変化
- 支援者に話しかけるようになる

相談支援専門員

- 初回面談
- 挨拶のみのかかわり
- サービス等利用計画作成
- 事業所の調整
- 通所先を再び探す
- サービス等利用計画再作成
- モニタリングを通して、支援者間で支援調整

1 相談支援専門員がかかわるまでの本人の暮らし

　雄一郎さんは幼少期に療育センターに通っていたが、小学校は普通学級、中学校は特別支援学級に通学していた。特別支援学校は高等部からの入学だった。

　ADLはほぼ自立していることもあって、幼少期は特に配慮をする必要性を周囲は感じてこなかったと思われる。行動的な激しさが目立ってきたのは中学生からのようであった。

　家族は、両親と姉との4人暮らし。関係は良好ではあるものの、本人の時間に関するこだわりや両親の働き方等から生活リズムがそれぞればらばらのため、個々に生活を送っている印象であった。両親は共働きで、自宅には自分の部屋がある。これまで自宅以外の場所に宿泊した経験はなく、何かあれば、祖母が県外から自宅まで来てくれているとのことだった。姉は本人のことを理解してくれていて、本人も姉のことが大好きである。しかし、父とはうまくかかわれていなかった。母のことは好きで、母の役に立ちたい、恩返しをしたいと考えている。

本人の行動が激しくなってきてからは、物を壊すことやガラスを割ること、食べ物のこだわり等が多く、現在も変わらない状態である。また、毎日自転車で外出している。自分の思うようにいかないと外出という行動に移し、危険だから、と行くのを注意された場所には行かなくなるものの行き先が変わるだけのため、家では本人の好きにさせてしまっている。医師にはガラスを割る行為について家族が相談しているようだが、そのことは仕方がないと言われており、時間のこだわりについても変えることは難しいとのことであった。家族はあきらめているようで、医療機関のほかに相談している場所はなかった。家族は本人に症状を落ち着かせる安定剤を与えることに対して抵抗があり、本人も内服が中断気味だったが、最近は、意識して通院できているため、少しは改善していると実感しているのかもしれない。

2 相談支援専門員と出会うきっかけ（支援の始まり）

相談支援専門員との初めての出会いは、自宅が相談支援事業所のすぐ近くということもあって、母が飛び込みで相談に来たことだった。「短期入所の利用をしたいので、サービス等利用計画を作成してほしい」との相談だった。

くわしく話を聞くと、市役所で「短期入所を利用するには、相談支援事業所が作成する計画が必要だ」と言われ、自宅から近かったため来訪したという。事業所の存在は認識していたが、詳細はわかっていなかった。本人も一緒に来るが、予定があるとのことで挨拶だけして帰ってしまった。

短期入所の利用は今すぐということではなく、特別支援学校の高等部卒業を間近に控え、将来の暮らしを考えてのことであった。母は、本人に短期入所を利用して家族以外との生活に慣れてもらいたいと思っており、今から情報を収集しておきたいとの希望だった。加えて、学校では、担任から「（卒業後のことを考えて）相談支援事業所とつながっておいたほうがいい」と言われたようで、そのことも影響している様子だった。

初回相談後、本人は「家の近くに寄れる場所ができた」と思ったようで、時々来所することがあった。しかし、日々やることが分刻みで予定されており、挨拶だけして帰ってしまうため、相談支援専門員とのかかわりはほとんどなかった。相談支援専門員からみた母もつかみどころがない印象で、初回の来所は突然だったが、その後は母からの連絡はなかった。相談支援専門員は、ひとまずいつでもサービスを使えるように母が短期入所のサービスを申請しておきたかったのかもしれないと考えている。結果として、相談当初は計画の作成にとどまり、具体的な支援の動きはなかった。

3 支援の経過

　本人の進路は、高等部の卒業直前のタイミングで一般就労に切り替わった。それまでは（学校での）進路を決めるための実習を行った結果、本人の様子や力量を考慮して、一般就労ではなく、就労継続支援Ｂ型事業所に決定していた。しかし相談支援専門員は、母から、急遽実習先へ就労することになったと聞かされた。学校からも連絡はなく、理由については不明であったが、おそらく母の意向が強かったように思われた。

　仕事を開始して１年が経つと、徐々に職場で時間等ですべて区切り、自分のパターンとなる行動を優先してしまうことが増え、会社が求める仕事にならず退職となってしまう。家族は、あらためて一般就労は難しいと判断し、通所先を探してほしいと相談があった。

　相談支援専門員は、通所先について本人や家族と話し、本人が特別支援学校高等部の時代、実習に行ったことのある就労継続支援Ｂ型事業所の名前が希望として出てきた。そこで、体験実習等の調整を行い、体験後、通所が実現した。通所開始後、これまで医療を中断していたが、通所先からの勧めもあり内服を再開する。その影響もあるのか、行動が落ち着いていた。しかし、２年程経つと、事業所から行動面等の課題について相談が増えてきた。通所の継続を目指して、事業所と本人についての理解を求める話しあいや、医療との連携を行うが、本人の口から「卒業です」との発言が出る。家族も、通所先の事業所とのやりとりがうまくいかず、不信や不満、理解を得られていない気持ちになってしまったため、退所することとなった。

　再度、通所先の事業所を探す支援を行う。次も、本人は学校時代の実習で行った事業所を希望した。しかし、前回のことも踏まえ、それ以外にも、徒歩で行ける場所、生活リズムを極力変えずに生活できる範囲内でいくつかの事業所を提案した。それでも、本人は、学校時代の実習で行った就労継続支援Ｂ型事業所を自分で選択した。体験実習を行うが、やはりこだわり等行動面を理由に実習で断られてしまい、利用には至らなかった。

　断られることは予測できていたため、提案したなかで、相談支援専門員の見立てで本人のことを理解し受けとめてくれそうな就労継続支援Ｂ型事業所へも相談を行っておいた。初めての事業所だったが、あらためて本人に提案し、見学、体験を経て通所開始となった。

一次アセスメント票
（情報の整理票）

	作成者氏名	作成日
	○○○○○○	○年○月○日

ふりがな	まつやま　ゆういちろう	性別	住所	（〒○○○－○○○○） ○○○○○○○○○○○○○○○○○○○○
氏名	松山　雄一郎	男性		
生年月日	○年○月○日	25歳	連絡先	090-＊＊＊＊-＊＊＊＊

本人の要望・希望する暮らし、困っていること・解決したいこと

「母に恩返しがしたい、役に立ちたい」
「話を聞いてほしい。手紙を読んでほしい」「今の生活を続けたい」

家族の要望・希望する暮らし、困っていること・解決したいこと

「将来の暮らしが心配」「通所先がなく自宅にずっといられるのが困る」
「ガラスも割ってほしくない」

希望する1日の流れ

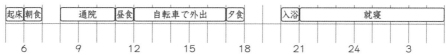

本人

平日：起床｜朝食｜就労継続支援B型｜自転車で外出｜夕食｜入浴｜就寝
休日：起床｜朝食｜自転車で外出｜昼食｜自転車で外出｜夕食｜入浴｜就寝
（6　9　12　15　18　21　24　3）

生活状況［普通の1日の流れ］

本人

平日：起床｜朝食｜自転車で外出｜昼食｜自転車で外出｜夕食｜入浴｜就寝
休日：起床｜朝食｜自転車で外出｜昼食｜自転車で外出｜夕食｜入浴｜就寝
（6　9　12　15　18　21　24　3）

〔その他の1日の生活の流れ〕　※いくつかの1日の生活があれば、別紙に記入
本人

起床｜朝食｜通院｜昼食｜自転車で外出｜夕食｜入浴｜就寝
（6　9　12　15　18　21　24　3）

本人の概要

生活歴（病歴含む）

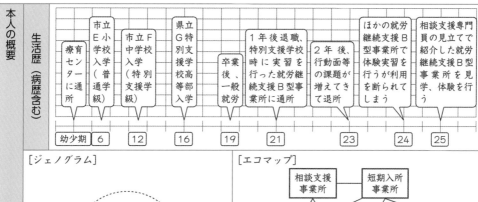

幼少期	6	12	16	19	21	23	24	25
療育センターに通所	市立E小学校入学（普通学級）	市立F中学校入学（特別支援学級）	県立G特別支援学校高等部入学	卒業後、一般就労	1年後退職、特別支援学校時に実習を行った就労継続支援B型事業所に通所	2年後、行動面等の課題が増えてきて退所	ほかの就労継続支援B型事業所で体験実習を行うが利用を断られてしまう	相談支援専門員の見立てで紹介した就労継続支援B型事業所を見学、体験を行う

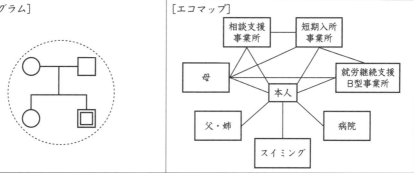

［ジェノグラム］

［エコマップ］

相談支援事業所　短期入所事業所
母　本人　就労継続支援B型事業所
父・姉　病院
スイミング

利用者の状況

項目	状況・意思			支援者の気づき	
	現状	本人の希望	本人の選好	記入者	記入者以外（専門的アセスメントを含む）

1 生活基盤・日常生活に関する領域

項目	現状	本人の希望	本人の選好	記入者	記入者以外
住環境	両親、姉との同居。	今の生活を続けたい。	自分の部屋がある。	支援機関の近所に家があり、何かあるとかけつけられる。また、近隣にも障害のある子どものいる世帯があり、障害のことについて、理解がある地域。	通所施設職員からも支援機関が近いことはメリット。通所時間に何かあったときに帰宅後の様子をみてもらえる。
経済環境	障害基礎年金2級工賃家族の援助（お小遣い）	自転車の修理代は給料、お菓子を買うお小遣いは家族からもらっている。	家族にお小遣いをもらっていることもわかっている。しかし、お菓子を購入することは止めることができない。	両親は共働きだが、母のパート代は「ガラス代になっている」よう。経済的には余裕がある訳ではないと思われる。	父の仕事は、正規ではないようで、経済的にどうなのか支援者間では心配している（詳細は聞けていない）。

2 社会参加に関する領域（教育、就労を含む）

項目	現状	本人の希望	本人の選好	記入者	記入者以外
趣味・旅行・レクリエーション	自転車でのサイクリングスイミング田舎への帰省	自転車での外出は続けたい。スイミングは最近行きたくない。田舎へは久しぶりに家族と行った。	以前は両親が不在のときは祖母が来てくれていたが、高齢で難しくなった。祖母は好きで、手紙を書いている。落ち着けば実家へも行けるので、行きたいと思っている。	自転車でのサイクリングはこだわりの一つで、行き先に目的があるわけではない。都内まで自転車で出かけることもあるほど、体力はある。しかし、骨折をしたことがあったり、時間どおりに走りたいために、スピードを出すため危険が多い。長距離すぎて自転車が壊れることも多々ある。	毎日どこへ出かけたかの報告がある。スイミングは、5分しか泳がないため、行きたくないことがわかる。
当事者団体の活動					
自治会への参加					
その他各種社会的活動					
就労	特別支援学校高等部卒業後、一般就労をするが、開始して1年で職場でのこだわりが増え、仕事にならず退職。その後、学校での実習先の事業所を利用するが2年ほどで退所になってしまう。	見学と体験をした新しい事業所に通うことにする。		以前の事業所とは、本人についての共有や医療との連携を行ってきたが、本人から「卒業です」との発言が出る。家族も、事業所とのやりとりがうまくいかず、理解を得られていない気持ちになってしまったため、退所することとなる。	

3 コミュニケーションや意思決定、社会生活技能に関する領域

項目	現状	本人の希望	本人の選好	記入者	記入者以外
	言葉で伝えることができる。うまく伝えられないときは、気持ちを色で表したり、ガラスを割る等で表現する。手紙を	話を聞いてほしい。手紙を読んでほしい。	自分の話をよく聞いてくれる人が好きなので、その人にたくさん話を聞いてほしいと思ってい	伝えたいことが何かがわからなくなり、それを考えることをあきらめてしまうこともあるように感じる。やってしまいそ	自分で決めてしまうと修正することは難しいため、意思を通そうとする。思ったことを口にしてしまうが、行動は伴わない。本人の表

意思表明	書くこともある。		る。しかし、気持ちをうまく伝えられないため、反対にその人を避けてしまうこともある。	うなこと、希望が叶っていないこともあったように過去形で表現するため、こちらも意図を汲めず、本人の混乱につながってしまうこともある。伝わらないこと、自分の意図と違うとき等に不安が大きくなると、その表現として、ガラスを割ることにつながってしまうことが多い。	現方法である手紙というツールを使って受けとめるのは大切なことだと思われる。
意思決定	上記同様の方法で伝える。	自分の決めたことはやらないと気がすまない。	自分で決めたルーティンを崩すことができないが、徐々に譲ることができるようになっている。	何度も伝えることで、本人の理解につながる。そのうえで納得できないと決められない。	考えて決める時間が必要。
他者からの意思伝達の理解	言葉で伝える。一定理解はするが、自分の思うことではないときは何度も伝えないとガラスを割る行為につながってしまう。	好きな人からの提案は聞かないといけないと思っている。			
コミュニケーションツールの使用（電話、FAX、パソコン、タブレット、インターネット）	なし				
対人関係	家族関係は良好だが、父とはうまくかかわれない。	母に恩返しをしたい。姉の彼氏は姉を取ってしまう人のため好きではない。職員さん、利用者さんも卒業の人がいる。自分は卒業しない。	誰にでもしっかり挨拶している。家の近所、仕事場の近くの人とも仲よし。通勤時に通るクリニックの人にはしつこくしてしまったため怒られた。	誰とでも社交的に接することができるが、気になる人に対してこだわってしまうまくかかわれない。そのことで不安が大きくなってしまう。自分の思うようにかかわってくれない人に対して拒否的になってしまう。	
屋外移動やその手段（長距離、遠距離）	自転車で都内まで出かけている。田舎等、長距離は電車には乗れず、車で出かけている。	自転車での外出は行きたい。田舎にも帰りたいが、家族は、落ち着かないと帰れないと言っている。	体力があり、長距離でも自転車で外出できる。しかし、時間が気になると危険回避が難しくなる。	体重増加もあるが、自転車での外出のエネルギーはある。周囲の車等を気にせず乗っていて、事故を起こして骨折の経験もあるため心配がある。	自転車で長距離を走りすぎるため、定期的に壊れている。タイヤのパンクくらいなら父が自ら直してくれており、父も本人のためにしてくれているところがある。
金銭管理	家族が行っている。	お菓子を購入するお小遣いは母からもらう。母からは「（割ってしまう）ガラス代が高い」とも言われている。	買ったものとお釣りの金額を合わせることにこだわりがある。	買ったものといつももらうお釣りの金額を合わせているため、お釣りが違ったときにパニックになったことがある。お店ではお釣りのことを聞けず、家に帰って物を壊して訴えていた。	簡単な計算はできる。しかし、金銭の理解というよりは覚えている印象。

4　日常生活に関する領域

身辺のこと	自分のペースがあるため、自分でやっている。	自分でできる。	スタイルは気にしている。家事等は手伝いたいとは思っているが、本人が思うようにはできていない。	人に言われることで体重のことを気にしたり、母の役に立ちたいと手伝いをしなくてはと思う等、相手の意図を徐々に考えるようになっていると思われる。	仕事場面と生活場面では、やり方やこだわり方等に違いがあり、場所ごとで決めていることがあるように思われる。
調理	温める等は行っているが、調理自体は母がしている。	食べる物は決まっているので、母が用意してくれている。	自分で作りたい、簡単なものなら作れる、と言っている。	食事自体が楽しいものではなく、時間のなかでこなすもののため、調理をして食事を楽しむことができない。	
食事	食べる時間が決まっているため、家族とは別に食べている。	昼はカップラーメンとおにぎり。お菓子はポテトチップスとチョコレート。	好きな物があるのかは不明。ブームになっている食べ物を変えるのが難しい。	こだわりの食べ物があるため、お菓子、砂糖入りコーヒー等健康的な不安があるものも止められないことが懸念される。	これまで同様、こだわりの食べ物を通所には持参する。ほかのものは勧めても難しい。
入浴	入浴も時間どおりにこなしている。	お風呂も一人で入る。17時10分からと決まっている。	きれいにしていたいとは思っている。容姿は気になっている。	食事と同様に時間の流れのなかに入っているやるべきことのため、清潔にする行為にはなっていないように感じる。しかし、ひげをそった等の報告はあるため、気にはしている。	リラックスできる時間ではないよう。さっと入って終了となってしまう。
清掃・整理整頓	自分の部屋は自分で整理している。掃除は家族が行っている。		母の役に立ちたいと思っており、手伝いはしようとしている。	掃除機をかける等はできるが、日々は行っている様子はない。掃除もこだわりの領域のように感じる。風呂掃除はしているようで、家族の役に立ちたい気持ちはわかる。	きれいに掃除はできる。細かな部分にも気づける。物の位置や順番は気になる。
洗濯	家族が行っている。				
書類整理・事務手続き	家族が行っている。				
買い物	こだわっているものは自分で買い物をしている。	決まったものがお店に置いてないと困る。ほかの店に買いに行く。	買いたいものがないとほかの店にも買いに行く。遠くても目的のものを買うまで店を回る。店の人にも挨拶をして仲よくできている。	買い物を楽しむことは難しいようで、こだわっているものを時間どおりに買うことを実行している。そのため、品物が変わってしまうことが本人の負担にもなってしまう。品物が変わらないことが理想だが、思うようにいかないことを許容できるようになるといいと思う。	家の近所のお店だけではなく、通所の帰りに寄るお店もあるようで、そこの店員とも仲よくなっている。

5　健康に関する領域

体力	あり			体重増加で徒歩、自転車をこぐ様子も以前に比べ大変そうな印象がある。	体重増加後も変化が顕著にみられることはない。
健康状態	体重増加	（最近少しずつではあるが）体重は減っている。	今はポテトチップスとチョコレートに決めている。以前より量は少ない。	検診で引っ掛かるところはないが、このまま体重が増加し続けることは心配。しかし、食べ物のこ	急激な体重増加が心配だが、本人は減っていると言っている。しかし、歩いているとき、息を切らすようになっ

180

				だわりもあり、太るからと止められないため、対応が難しい。	た気がする。
医療機関利用状況	月1回の精神科通院	母と一緒に行っている。いつもと違う時間になるので困る。	先生に話を聞いてもらいたい。	医師へはガラスのことを家族が相談しているようだが、そのことは「仕方がない」と言われているとのこと。また「時間に関するこだわりについても変えられない」と言われているよう。家族は薬に対して抵抗があったが、最近は、意識して通院できているので、少しは改善しているのかもしれない。	「内服でこだわりの改善はできない。環境調整が必要な人。現状の内服で様子をみているが、必要があれば調整はしていく。何かあればそのときは頓服で対応していく」(主治医)
医療費・健康保険					
障害	広汎性発達障害・精神発達遅滞、強度行動障害				

6 家族支援に関する領域

母	本人の主な介護者。	母のことが好き。恩返しがしたい。	母の役に立ちたいし、頼っている。母の言うことは聞きたいが、うまくいかない。	将来の心配をしているが、本人の現状を考えると取り組めないとあきらめているところがある。不安定にならないように、本人を中心に考えて生活をしているため、母の休息を考えたい。	母の言うことなら本人も聞くのではないかと、短期入所等、母が希望しているからと提案してみてはどうかとの意見もある。父の仕事量もあり、母は仕事も本人のこともすべて背負っているのではないかと心配もしている。
父	本人との距離感がある。	父は仕事をしている。	父は母を取る人と思っている。父に対してよく思っていない。	本人の不安定な様子から、父自身の病状が悪化するときがあり、母は父を心配している。そのため、父との距離をとるようにしていく必要性は感じる。	通所職員も父の病気が心配。仕事がしっかりできていないのではないか、そのことで収入も心配。
姉	よく面倒をみている。理解者。	姉のことは好き。	姉には彼氏がいて、自分より彼と仲よくしていることがおもしろくない。	本人のことをよく理解してくれている。母に代わり注意をしたり、ときに面倒をみているが、姉の生活もあると思われるため、我慢していることがあるのではないか。	母、姉と家族のなかでも女性の言うことを聞く傾向にある。異性のほうがかかわりやすいのかもしれない。

対応者所見のまとめ

こだわりのなかで「～しなくてはならない」ことが多く、本人もつらいことが多いのではないか。新たな事業所の人間関係のなかで、本人のことを理解してくれ、受けとめてくれたうえでのかかわりを通して、成長できることが多くあると思われる。

他方、家族はどうしても行為を捉えざるを得ないため、こだわりの数々やガラスを割ってしまうこと、半日で通所から帰ってきてしまうこと、短期入所を思うようには使えていないこと等が不安や負担感になっている。

時間をかけて進んでいる本人と家族の負担のバランスが崩れないように支援を組み立てる必要がある。

ニーズ整理票

インテーク			アセスメント
情報の整理 （見たこと、聴いたこと、データなど：事実）			**理解・解釈・仮説** （作成者の捉えかた、解釈・推測）

本人の表明している希望・解決したい課題	（作成者の）おさえておきたい情報		
● 母に恩返しをしたい。役に立ちたい。 ● 話を聞いてほしい。手紙を読んでほしい。 ● 今の生活を続けたい。	● 家族が大好きで、恩返しがしたい、役に立ちたいと思っている。掃除など家事の手伝いをしようとしているが、本人が思うようにはできていない。 ● 家族、特に母は、本人の現状を考えると取り組めないとあきらめているところがある。どうしても行動面の心配をしてしまい、不安定にならないように、本人を中心に考えて生活をしている。 ● 自分の話をよく聞いてくれる人が好きなので、たくさん話を聞いてほしいと思っている。ただ、話しかけ過ぎたり、近づき過ぎたり、困ることを言ってしまう。 ● 言葉でうまく伝えられないときは、気持ちを色で表したり、手紙を書くこともある。不安が大きくなるとガラスを割る行為につながってしまう。 ● 自分の決めたことはやらないとすまない。自分で決めたルーティンを崩すことができない。だが、徐々に譲ることができるようになっている。 ● 短期入所は家と違うので行きたくない。卒業する。 ● 体重が増加し続けているが、本人は「（最近少しずつではあるが）体重は減っている」と言っている。	本人	**【生物的なこと】** ● こだわりのなかで「〜しなくてはならない」ことが多く、本人もつらいことが多いのではないか。 ● 体形や体重を気にしているところからも、食べたいわけではないものも食べなければならないという思いが強くなっているように思われる。 ● 骨折等の経験も何度もしていて、知識としては危ないことも認識はしているが、時間のことが気になると、けがをしても行動しなくてはいけなくなってしまうのかもしれない。 **【心理的なこと】** ● 自分の評価が低いため、できていることをほめてもらったり、励ましてくれることで、頑張れることもあるように思う。 ● 自分の気持ちを色で表現したり、手紙に書くこと等はできるが、まだ十分ではない。こちら側の汲み取る力も必要。現状は、物を壊すことで解決させてしまっているため、そのことで、本人も自己評価を落とす結果になってしまっているように思われる。 **【社会性・対人関係の特徴】** ● 社交的で近所の人と楽しく話せているが、顔見知りになり過ぎると、職員や家族のように距離をつめるため、結果として、気持ちとは裏腹に注意を受けることになってしまうのではないか。 ● 自分の話をよく聞いてくれる好きな人が気になる人になり、その人へのこだわりが強くなってしまうため、ゆっくりリラックスして距離感を保つことが必要と思われるが、関係性をつくることと距離感を保つこととのバランスが難しい。 ● 自分の思いを受けとめてくれる存在がいてくれることで、関係性をつくれる。人との関係のなかで、時間はかかるが自分のこだわりを変更できるようになると思われる。
		環境	● 近隣は理解がある人が多いが、人の家の前でガラスを割ったりし続けることで、許容できることが減ってしまう心配がある。お店の人との距離感も同様。地域の理解を広げていかないと行けるお店が減ってしまう。 ● 短期入所利用では、練習と思い、自分の生活リズムと違うことを我慢していると思われるが、そのことを継続していくことは難しいと思う。家とは違う時間を職員と一緒に時間をかけて相談をしながら、本人の納得を得て設定し、体感することで理解できていくと思われる。

今回大づかみに捉えた本人像（100文字程度で要約する）
「イライラや不安になると、ガラスを割っちゃう。もっと話を聞いてもらいたいけど、やり過ぎちゃう。何をやってもいてくれて、僕のことをもっとわかってくれないかな。うまくできるようになりたいな」

出典：近藤直司『医療・保健・福祉・心理専門職のためのアセスメント技術を高めるハンドブック　第2版——

		プランニング
理解・解釈・仮説② （専門的アセスメントや他者の 解釈・推測）	支援課題 （支援が必要と作成者が 思うこと）	対応・方針 （作成者がやろうと思うこと）
● 主治医 　内服でこだわりの改善はできない。環境調整が必要な人。現状の内服で様子をみているが、必要があればそのときは頓服で対応していく。何かあればそのときは頓服で対応していく。 　ガラスを割る行為は仕方がない。時間に関するこだわりについても変えられない。	● 時間へのこだわりなど本人の気持ちも受けとめつつ、一緒に考えて、自分のルールを少しずつでも変更できるようにしていく。 ● できたことの評価をしていくことで、自己肯定感をつくっていく。 ● 支援者が本人の気持ちを汲み取れるように、アセスメントを継続していく。行動だけに捉われず、内面の理解をしようと支援者間で情報共有し、行動の要因を探る。併せて、本人の気持ちの表出方法も考える。 ● 家族の負担の軽減。 ● 将来の暮らしに向けて、一緒に考え取り組んでいく。	● 自分で決めてルールを変更できた実感を積み、その結果としてのこだわりの軽減を目指す。 ● 仕事のなかでの役割をもち、できたことを評価していくことで、自信がもてるような取り組みを考える。 ● こだわり、物を壊すことでの気持ちの表現方法を少しでも変えていけるような取り組みを考えていく。 ● 発達検査を行い、障害や発達的な視点を意識しアセスメントを行ったうえで、事業所との連携を図っていく。 ● 定期面談での振り返りを通じて、本人の気持ちの表現の仕方、できたことの評価、そのうえで次の挑戦をしていけるようなアプローチを行う。本人が、相手の意図を理解しようと思える関係をつくっていく。 ● 母の話を聞く機会を意識的に設ける。レスパイトを目的に短期入所の利用を行う。同時に、本人にとって短期入所の利用は、ただ嫌なことを我慢することではなく、楽しいかもと前向きに挑戦するための方法を相談していく。

うまくいかずつらい。母にはいつも迷惑をかけているけど、好きだし、恩返しがしたいと思っている。誰か僕の話を聞

ケースレポートの方法からケース検討会議の技術まで』明石書店、42 頁、2015. を一部改変により作成

サービス等利用計画案・障害児支援利用計画案

利用者氏名（児童氏名）	松山　雄一郎　様	障害支援区分	
障害福祉サービス受給者証番号	○○○○○○○○	利用者負担上限額	
地域相談支援受給者証番号		通所受給者証番号	

計画案作成日	○年○月○日	モニタリング期間（開始年月）	

利用者及びその家族の生活に対する意向（希望する生活）	（本人）母に恩返しがしたい、役に立ちたい。話を聞いてほしい。手紙を読んで （家族）将来の暮らしが心配。通所先がなく自宅にずっといられるのが困る。ガ
総合的な援助の方針	自分で決めてルールを変更できた実感を積み、その結果としてのこだわりの軽 こだわりの軽減で、生活が安定できる方法を模索し、実現していくことで、本
長期目標	誰かと相談しながらも、自分でルールを決めて、守っていくという経験を積み
短期目標	新たな通所先で仕事を頑張って、できたことを一緒に評価しながら、自信にし

優先順位	解決すべき課題 （本人のニーズ）	支援目標	達成時期
1	できたことを評価してほしい。	仕事のなかでの役割をもち、できたことを評価していくことで、自信がもてるような取り組みを考える。	1年
2	時間へのこだわりなど自分の気持ちをわかってほしい。ルールを少しずつでも変更できるよう一緒に考えてほしい。	本人の気持ちを受けとめ、待つことで相手の意向も汲めるような取り組みを実践していく。	1年
3	行動だけに捉われず、気持ちを汲み取って内面を理解してほしい。	発達検査を行い、障害や発達的な視点を意識しアセスメントを行ったうえ、根拠に基づいた支援で事業所との連携を図っていく。	1年
4	（家族）負担を軽減してほしい。	母の話を聞く機会を意識的に設けると同時に、支援者で行っている取り組みの意図を丁寧に伝えていく。レスパイト目的で短期入所の利用を行う。	1年

区分5	相談支援事業者名	H相談支援センター
0円	計画作成担当者	○○○○

3か月（○月○日）	利用者同意署名欄	松山　雄一郎

ほしい。今の生活を続けたい。
ラスも割ってほしくない。

減を目指す。
人、家族が安心でき、将来の暮らしを具体的に考えられるようにしていく。

重ねていく。

ていく。

福祉サービス等 種類・内容・量（頻度・時間）	課題解決のための 本人の役割	評価 時期	その他留意事項
● 就労継続支援B型　月23日	新たな通所先で仕事を頑張る。1日仕事ができる日を増やす。	3か月	定期面談での振り返りを通じて、できたことの評価、そのうえで次の挑戦をしていけるようなアプローチを行う。本人が、相手の意図を理解しようと思える関係をつくっていく。
● 就労継続支援B型　月23日 ● 短期入所　月4日	時間を少しずらせるようになるために、提案されたことをじっくり考えて、職員とも相談して決める。	3か月	自分で決めてルールを変更できた実感を積み、その結果としてのこだわりの軽減を目指す。
● 就労継続支援B型　月23日 ● 短期入所　月4日 ● 支援課・支援センター　適宜	ガラスを割ってしまう前の、気持ちがピンクくらいのときに報告する。汲み取ってもらう。	3か月	支援者は、障害や発達的な視点を意識し、信頼関係をさらに深めることを心掛ける。そのなかで本人の気持ちを汲み取り、関係機関と共有、取り組みにつなげていく。
● 母 ● 相談支援事業所 ● 短期入所　月4日	短期入所では、ただ嫌なことを我慢ではなく、楽しいかもと前向きに挑戦するための方法を一緒に考えていく。	3か月	

サービス等利用計画案・障害児支援利用計画案【週間計画表】

利用者氏名（児童氏名）	松山　雄一郎　様	障害支援区分	
障害福祉サービス受給者証番号	○○○○○○○○	利用者負担上限額	
地域相談支援受給者証番号	○○○○○○○○	通所受給者証番号	

計画開始年月	○年○月○日

	月	火	水	木
6：00	起床	起床	起床	起床
8：00				
10：00	就労継続支援Ｂ型事業所 終了後（～12：30） Ａスーパー	就労継続支援Ｂ型事業所 終了後（～15：00） Ａスーパー	就労継続支援Ｂ型事業所 終了後（～11：30） ＡかＢかＣスーパー	就労継続支援Ｂ型事業所 終了後（～14：30） Ｂスーパー
12：00				
14：00				
16：00	おやつ休憩・外出 （自転車で）	おやつ休憩・外出 （自転車で）	おやつ休憩・外出 （自転車で）	おやつ休憩・外出 （自転車で）
	帰宅後入浴・休憩	帰宅後入浴・休憩	帰宅後入浴・休憩	帰宅後入浴・休憩
18：00				
20：00	夕食	夕食	夕食	夕食
	就寝	就寝	就寝	就寝
22：00				
0：00				
2：00				
4：00				

サービス提供によって実現する生活の全体像	通所の事業所の利用では、職場のなかで、仕事や人とのつながりで成長できることが多くあるため、こだ 短期入所について、近々では、家族の負担軽減のための利用だが、家族の懸念材料でもある「今後の暮ら れる。

	区分5		相談支援事業者名		H 相談支援センター
	0 円		計画作成担当者		○○○○
	○○○○○○○○				

金	土	日・祝	主な日常生活上の活動
----	----	----	● 仕事の後、スーパーでお菓子の買い物をして帰宅。 ● 帰宅後、休憩の後、自転車で出かける。 ● 週末（日曜日）は、スイミングだが、最近はあまり乗り気ではない。
起床	起床	起床	
就労継続支援 B 型 事業所 終了後（〜11：30） A スーパー			
おやつ休憩・外出 （自転車で）	おやつ休憩・外出 （自転車で）	おやつ休憩・外出 （自転車で）	週単位以外のサービス
帰宅後入浴・休憩	帰宅後入浴・休憩	帰宅後入浴・休憩	● 短期入所は、火曜日が予定の変更をしやすいため、予約がとれる日を調整し、入れている。
夕食	夕食	夕食	
就寝	就寝	就寝	

わりだけではない、生活の豊かさを実現できるのではないか。
し」を解決するためには、今から練習をしていくことで、前向きに自分の暮らしを考えられるようになることが大切だと思わ

第

3

章　さまざまなケースにおける実践事例　事例9

187

4 サービス等利用計画を作成する際の状況・ポイント

　計画開始時は卒業を間近に控えた学生だった。今回の計画書は、短期入所のサービスを利用できるように設定した最初の計画から6年経過した計画となっている。

　当初は短期入所を使いたい（または使えるよう準備したい）という相談から始まったが、卒業後は一般就労をしたこともあって福祉サービスの利用はなかった。ただし、1年で退職になったことから、通所サービスを利用することになった。ここでは、将来について、本人や家族の希望がはっきりしていたので、それに沿う形で計画を作成した。しかし、結果としては、その事業所もうまくいかなかった。

　これまでは、本人や家族の希望に沿って勤務先や通所先を決めていたが、希望する内容のハードルが高く、本人の理解や生活についての検討がなかなかできなかったため、本人や家族に失敗体験だけが重なることになった。相談支援専門員は本人を受けとめて、継続的に支援してくれる事業所に通所ができればと考えていた。相談支援専門員はあらためて、相談支援専門員の見立てで本人のことを理解し受けとめてくれそうな事業所を提案することとなった。本人にとってはまったくかかわりのない初めての事業所だったが、見学、体験を経て通所開始に至った。

　自分の思いを伝えることが苦手な本人に対して、支援者が本人の気持ちを汲み取ることができるようになること、本人のこだわりを含めた障害の特性を考慮した支援や環境を整えること、そのために、発達検査を行い、障害や発達的な視点を意識しアセスメントを行ったうえで、本人の取り組みを一緒に考えていくことを大事にした。

　本人は「母に恩返しがしたい」という思いが強いため、できたことへの評価を振り返りながら、家族の希望や将来のことを考え始めることに沿った計画としていくこととした。

5 その後の支援

　これまでは、本人や家族とのかかわりが事業所探しやサービスの説明のみであったが、新しい事業所への通所が実現してからは、本人、家族とも生活面での相談もできるようになった。事業所とも連携し支援が開始できる。

　事業所の職員は、本人をもっと理解していきたいと悩んでいることがわかっているものの、日々の行動に対する対応になってしまうため、本人の力に焦点が当てにくく、相談支援専門員としても具体的な提案ができていなかった。そのため、発達的な支援も含めて参考にできることがあればと発達検査を実施し、その結果のなかで取り

組みを検討することにした。本人の行動だけに捉われず、内面の理解をしようと支援者間で情報共有し、信頼関係をさらに深めることを心掛けた。

通所開始3年目を迎えるなかで、生活面等では大きな変化はないものの、徐々に本人のなかで変わってきているように感じている。発達的な視点の確認を定期的に行うことで、現在の支援がどうなのか等、確認を行う機会をつくるようにしている。

具体的な変化として、本人は、じっくり考えて悩んで決めたことを変更できるようになっている。関係性を決めてしまった人に対してのかかわり方を変えることができるようになっている。将来は考えないといけないことがわかり始めている。行動には移せず葛藤した結果、物を壊す行為になってしまうが、両親のために、大人として等のキーワードは本人のなかでも印象に残るものになってきている。

家族は、自分の気持ちや家のなかのこと等、多くを話す母ではなかったが、支援の経過のなかで、うまく話すことができない人ではないかと思うようになってきた。そのなかでも、現在の通所職員や相談員に対し、親密度が少しずつ上がってきているのか、話をしてくれるようになっている。「家の鍵を渡しておこうかな」等といった発言もある。この間の取り組みを行っていくことで、家でガラスを割る等があるがそれも仕方がない、それよりも本人のことを考えてもらえる、理解してもらえることのほうがいいと伝えてくれるようになってきた。

6 相談支援専門員は「ここ」に注目する！

・本事例では、相談支援専門員は、本人を理解するうえで、強度行動障害の表面上の行動だけに捉われず、本人の内面の気持ちを理解しようとしている。そのうえで、支援者の間でそうした情報を共有し、行動の要因を探ることが重要である。

・日々、事業所の職員は本人に対して、その場のみの対応になりがちなため、本人の力に焦点が当てにくかった。そのため、発達検査につなげることで、その結果をもとに、根拠のある支援を検討することにした。

・強度行動障害のある人に対する支援では、変化が現れるまでに年単位の時間がかかる取り組みとなる場合が多い。本事例でも、その後の支援で3年目を迎える時点でも、生活面等では大きな変化はないものの、総合的には徐々に変わってきているという状況である。だからこそ、根拠に基づいた支援が必要であり、定期的に振り返りながらほんのちょっとした本人の変化も評価していく姿勢が重要となる。

・さらにその評価を、取り組みの意図と併せて本人や家族に丁寧に伝える。自分の気持ちや家のことを話すことがなかった母が、就労継続支援B型事業所の職員や相談支援専門員に話をしてくれるようになっている。

事例10

▶介護保険へ移行する際の引き継ぎ支援

介護支援専門員と本人について共有しながらこれからの生活を考える

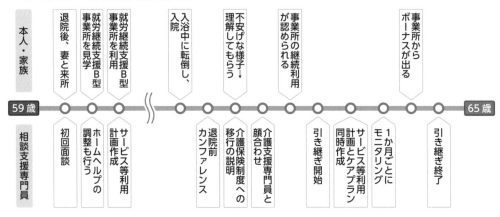

■ 栃木貴さんと相談支援専門員とのかかわり

本人・家族

| 59歳 | → | 退院後、妻と来所 | 就労継続支援B型事業所を見学 | 就労継続支援B型事業所を利用 | // | 入浴中に転倒し、入院 | 不安げな様子→理解してもらう | 事業所の継続利用が認められる | | ボーナスが出る事業所から | | 65歳 |

相談支援専門員

初回面談 / ホームヘルプの調整も行う / サービス等利用計画作成 / 退院前カンファレンス / 介護保険制度への移行の説明 / 介護支援専門員と顔合わせ / 引き継ぎ開始 / サービス等利用計画とケアプラン同時作成 / 1か月ごとにモニタリング / 引き継ぎ終了

1 相談支援専門員がかかわる前の本人の暮らし

　貴さんは東京の下町で生まれ、地元の小・中学校、定時制高校に通学した。子どもの頃から勉強は苦手だったが、手先は器用で図工などの評価は高かったという。定時制高校に通いながら、日中は工事現場で電気工事のアルバイトをして学費を稼いだ。卒業後も就職はせず、電気工事のアルバイトを継続。23歳のときに個人事業主として仕事を請負うようになった。30歳で結婚し現在の住居へ転入する。35歳のときには長女が生まれ、本人の電気工事の収入と妻のパートによる収入で生活してきた。42歳の健康診断で高血圧が指摘されたが、仕事の忙しさから通院はしていない。長女を高校卒業まで通わせられたことは、「自分が学生時代に経験した苦労を娘にはさせずに済んだ」と娘を大切にしてきたことをうれしそうに話していた。

　59歳のときに心不全と腎不全で入院し、その後透析治療が開始される。また緑内障も見つかり点眼治療が開始された。その後身体機能が低下したことによるリハビリ入院を経て退院した。

障害年金については、保険料納付要件を満たしておらず、受給対象にならないため現在は妻の収入のみで生活している。経済面での厳しさはあるが、本人も妻も生活保護を受けたくないという強い思いがあり、夫婦で質素な暮らしをしている。

２ 相談支援専門員と出会うきっかけ（支援の始まり）

　心不全、腎不全による退院後に妻と一緒に相談支援事業所へ来所したことをきっかけに本人と出会った。退院後、週３日の透析が必要となり、倦怠感が強く動けなくなることがあったため、結局廃業届けを提出した。本人は「自宅でやることがない」「家族の負担にはなりたくないから、働きたい」と希望を話したため、相談支援専門員は、本人の気持ちを中心に、就労継続支援Ｂ型事業所（以下、事業所）を一緒に見学した。その結果、本人の手先の器用さを活かした場が見つかり、小遣い程度のお金を稼ぐことができた。また、透析後の血圧低下や倦怠感については、ホームヘルパーの調整を行い、様子をみることにした。

　その後、２か月前に入浴中に転倒し頭を打って入院となった。退院後の生活を検討するにあたり、退院前カンファレンスへの出席の依頼があった。退院に向けて、本人、妻、主治医、病棟看護師、理学療法士、医療ソーシャルワーカーと相談支援専門員が出席して行われた。

　主治医からは、今回は単なる転倒ではなく、入浴中の急激な血圧低下による転倒であると説明された。また、これまでも何度か自宅で倒れていたとのこともわかったため、今後も血圧変動は予想され、特に入浴時は同様の事故が起こる可能性が高く、入浴方法を検討してほしいといった説明があった。

　貴さんからは、「妻に負担がかからないのであればどんな形でも構わない」「退院後も事業所で仕事を続けたい」と復帰の希望があった。

　妻は「仕事が終わってからの夫の入浴の支援に自信がない」「介護保険のサービスとか言われたけど、よくわからないし…相談する人も変わっちゃうんですか？」と不安の訴えがある。いつもはおっとりと話していた貴さんの妻であったが、今回はやや感情的に話す様子もうかがえた。妻も仕事の忙しさや今回の夫の入院で、安定剤が処方されたと話しており、妻に負担をかけたくないと話していた貴さんの気持ちが推察できた。

　本人の入院中には、妻にも同席してもらい、障害福祉課のケースワーカーと面会する。退院後、65歳になることから居宅介護については介護保険制度の訪問介護へ移行することを説明する。ただし、ホームヘルパーは介護保険、障害福祉サービスの両方に対応しているため、介護保険に移行しても事業所やホームヘルパーの変更はないと説明し、理解してもらった。今後、介護支援専門員がかかわることになるが、十分に引き継ぎを行っていくことを約束した。その後、今後の生活に必要な聞き取りを行い、サービス等利用計画を作成した。本人からの希望で、医療機関に併設されている居宅介護支援事業所の介護支援専門員を調整することとなった。

　後日、介護支援専門員との顔合わせが行われた。自宅での入浴方法については、①看護師・ホームヘルパーの支援による入浴、②通所事業所を利用しての入浴という、二つの選択肢を本人と妻に提示した。それぞれのメリット・デメリットや、実際の利用料金等も含め情報提供を行った。

　妻は介護保険の自己負担に悩んでいたが、障害福祉課のケースワーカーから2018（平成30）年度から新設された「高齢障害者のための利用者負担軽減制度」で介護保険の自己負担部分が償還払いで戻る説明を受け、サービスを導入することとなった。事業所に戻りたいという気持ちや費用負担を最小限にしたいことから、看護師・ホームヘルパーによる入浴支援を検討していくこととなる。

　これまでの支援経過などをホームヘルパーに伝え、貴さんの家族や仕事への思いを理解しながら支えてきた経過を伝える。介護支援専門員は、障害福祉サービスの知識はなく、本人が通所する事業所も存在を知っているだけという状況であったため事業所を一緒に訪問し、サービス管理責任者を紹介した。その際、人とのかかわりや生きがいをもって暮らせるよう支援方針を立て、一家の主<ruby>主<rt>あるじ</rt></ruby>としてのプライド、妻だけに負担をかけたくないという思いを汲み取り、寄り添いながら支援をしていることを共有する。

一次アセスメント票
（情報の整理票）

作成者氏名	作成日
○○○○	○年○月○日

ふりがな	とちぎ　たかし	性別	住所	（〒○○○−○○○○）
氏名	栃木　貴	男性		○○○○○○○○
生年月日	○年○月○日	65 歳	連絡先	090-＊＊＊＊-＊＊＊＊

本人の要望・希望する暮らし、困っていること・解決したいこと

「自分の小遣いくらい稼いで妻に負担をかけたくない」「自宅にいるより人と話をして気晴らしがしたい」
「入浴の支援を受けたい」

家族の要望・希望する暮らし、困っていること・解決したいこと

（妻）「入浴支援が必要とのことで今後の夫に対するケアやケアに伴う経済的負担が心配」
「仕事を休めないので手続きが増えることも不安」

希望する 1 日の流れ

生活状況［普通の 1 日の流れ］

〔その他の 1 日の生活の流れ〕　※いくつかの 1 日の生活があれば、別紙に記入
本人

本人の概要

生活歴（病歴含む）

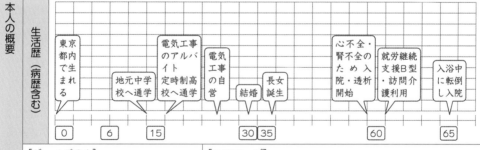

［ジェノグラム］

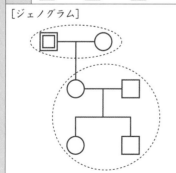

［エコマップ］

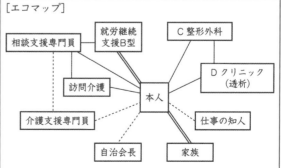

利用者の状況

項目	状況・意思			支援者の気づき	
	現状	本人の希望	本人の選好	記入者	記入者以外 （専門的アセスメント を含む）

1　生活基盤・日常生活に関する領域

項目	現状	本人の希望	本人の選好	記入者	記入者以外
住環境	県営住宅の1階	「このまま住みたい」		慣れた環境で見えにくくても生活できている。	
経済環境	妻の収入 事業所の工賃 （5000円／月）	「小遣いくらい稼ぎたい」		年金がなく、妻に負担をかけたくない様子。	

2　社会参加に関する領域（教育、就労を含む）

項目	現状	本人の希望	本人の選好	記入者	記入者以外
趣味・旅行・レクリエーション	自宅に漫画や雑誌、プラモデルがある。	「漫画は昔は見たけど、今は見てない。細かい作業は得意」		視力の低下から本が見えにくく疲れる様子。	
当事者団体の活動	行っていない。				
自治会への参加	妻が一斉清掃などに参加。	「今は疲れるので行きたくない」	以前のように動けず気後れしてしまう。	働いていたときは休日に自治会活動に参加していた。	
その他各種社会的活動	以前の仕事仲間から連絡が来る。	「電話で話すくらい。出かけることはない。疲れる」	友人とのつながりには感謝している。		
就労	退院後も事業所に戻りたい。	「視力低下して見えにくい」	慣れた仲間と過ごしたい。		事業所で本人の状況に合わせた作業を検討している。

3　コミュニケーションや意思決定、社会生活技能に関する領域

項目	現状	本人の希望	本人の選好	記入者	記入者以外
意思表明	自分で行える。				
意思決定	自分で決定している。 妻にも相談する。				
他者からの意思伝達の理解	自分でできる。				
コミュニケーションツールの使用（電話、FAX、パソコン、タブレット、インターネット）	携帯電話を持っている。				
対人関係	自分で行い、良好。	「人と話をして気分転換したい」		話好き、周囲の人と話していると表情もよい。	事業所内の他利用者への配慮がある。
屋外移動やその手段（長距離、遠距離）	近所であれば一人で外出可。通院は送迎。	「自分でコンビニに行きたい」		近所のコンビニには慣れているので、一人で行けている。	歩行は問題ないが信号が見えにくい可能性がある。（看護師）
金銭管理	小遣いは自分で管理。	「タバコ代くらい稼ぎたい」			

4　日常生活に関する領域

項目	現状	本人の希望	本人の選好	記入者	記入者以外
身辺のこと	自分で行っている。	「目が見えにくく、やりにくい」		洋服の着脱等は時間をかけ確認しながら一人で行っている。	透析日の帰宅後は疲れて臥床している。

調理	妻が行っている。電子レンジは使える。	「自分ではパンを焼く程度」		もともと自分で調理をすることはなかった。	制限食、水分制限もある。（看護師）
食事	自分で摂取。	「見えにくく食器を倒すことがある」	カロリー制限があるが菓子パンが好き。		
入浴	浴槽には入らず、シャワー浴。先日入浴中に転倒した。	「湯船につかりたい。入浴したい」	風呂でリラックスしたい。家族に迷惑かけたくない。	単独入浴が困難。妻も仕事がありケアが難しい。	血圧変動に注意が必要。（主治医）
清掃・整理整頓	妻が行っている。				
洗濯	妻が行っている。				
書類整理・事務手続き	妻が行っている。	「字が見えにくいのでやってほしい」	若い頃から妻がやってきた。	手続き上、妻に解りにくい所は支援が必要。	
買い物	近くのコンビニに自分で行く。	「タバコとパンは自分で買いたい」	タバコと菓子パン。		

5 健康に関する領域

体力	透析の日はほとんど臥床している。	「透析日はB型事業所は休みたい」	透析後は休んでいたい。	以前より体力の低下はみられる。	長時間の立ち仕事でなければ問題ない。
健康状態	腰痛がある。腎不全により透析が必要。			腰痛は整形外科受診中。長時間の立位作業は難しい。	シャントがあるので重い物は持たせない。（主治医）
医療機関利用状況	週3回透析、2週間に1回整形外科受診。		透析は送迎車利用。整形外科は徒歩5分。		
医療費・健康保険	社会保険（妻の扶養）				
障害	身体障害者手帳1種1級 腎不全・白内障・緑内障			天気や体調により視力に変化がある。	

6 家族支援に関する領域

妻	契約社員で家計を支える。家事のほぼすべてを行っている。	「妻にこれ以上迷惑かけたくない」	妻は夫のことを心配している。	経済面も含めて今後の不安感が強い。最近安定剤内服。	
長女家族	県外在住、子どもも小さく頻繁な行き来はない。	「孫も小さく自分のことで迷惑かけたくない」	両親のことが心配で電話してくる。	娘との電話は妻の精神的な支えになっている。	

対応者所見のまとめ

意思疎通に問題がないため基本的には本人との会話により進めていくことができるが妻の不安もある。今回の入院により、これまでの生活が変化することを心配している。本人は退院後も今までの生活と事業所への通所を望んでいる。入浴中に血圧変動が起きやすいことから入浴支援を検討していく必要があるが、入院中に65歳を迎えることから介護保険制度にスムーズにつなげる対応が必要。

ニーズ整理票

インテーク			アセスメント
情報の整理 （見たこと、聴いたこと、データなど：事実）			理解・解釈・仮説 （作成者の捉えかた、解釈・推測）

本人の表明している 希望・解決したい課題	（作成者の）おさえておきたい情報		理解・解釈・仮説
●小遣いくらい自分で稼ぎたい。 ●透析から帰った後、手伝ってほしい。 ●自宅にいるより人と話をして気晴らしがしたい。 ●入浴したい。 ●妻に負担をかけたくない。	●日中家族不在で一人になってしまう。 ●透析後倦怠感が強く一人で歩けないこともある。 ●妻がパートで家計を支えているが、経済的に苦しい。 ●年金がなく家族に負担をかけたくないと思っている。 ●慣れた環境のため、視力低下があっても生活できている。 ●近所のコンビニには一人で行くことができており、またそれを続けたいと思っている。 ●長年電気工事の仕事をしてきたこともあり手先は器用。 ●最初の入院前までは仕事や地域との付き合いがあった。 ●食事制限はあるが、月に1回程度コンビニで菓子パンを買って食べるのが楽しみ（主治医は知っている）。 ●今は行っていないが漫画やプラモデルが趣味だった。 ●タバコは若い頃から吸っていて、これがないと生きていけないと言っている。 ●話好きで周囲と話をしていると表情がよい。 ●事業所の利用者の面倒見がよい。 ●入浴は好きだが、現在は一人で入るのでシャワー浴が多い。先日入浴中倒れた。妻の介助は難しい。 ●入院時自治会長が来て支援してくれた。	**本人** **環境**	【生物的なこと】 ●透析を行っており、体力の低下がみられる。 ●透析後倦怠感が強く一人で歩けないこともある。 ●長時間の立位は厳しく座って仕事ができる環境が望ましい。 ●視野狭窄の進行があり、徐々に見えにくくなっている。 【心理的なこと】 ●一家の主として家族に迷惑をかけたくないと思っている。 ●視野狭窄から趣味も行えず、新たな楽しみを見つけたいのではないか。 ●自分でできることはなるべく自分でやりたいと思っている。 【社会性・対人関係の特徴】 ●本人にとって仕事は生き甲斐だったのではないか。 ●今までの職場、地域との人間関係が減ってしまい、新たな人間関係をつくりたいと思っているのではないか。 ●35年同じ所に住んでおり、慣れた環境のため見えにくくなった今でも生活ができている。 ●地域とのつながりは現在は少ないが徐々に再構築していけるかもしれない。

今回大づかみに捉えた本人像（100文字程度で要約する）
「B型事業所に戻りたいんだよね。年金もないし少しでも稼いで妻に楽させたいんだよね。菓子パンは妻には内緒だよ。」

出典：近藤直司『医療・保健・福祉・心理専門職のためのアセスメント技術を高めるハンドブック　第2版――

		プランニング	
理解・解釈・仮説② （専門的アセスメントや他者の 解釈・推測）	支援課題 （支援が必要と作成者が 思うこと）	対応・方針 （作成者がやろうと思うこと）	

理解・解釈・仮説② （専門的アセスメントや他者の 解釈・推測）	支援課題 （支援が必要と作成者が 思うこと）	対応・方針 （作成者がやろうと思うこと）
● 主治医 透析中で食事・水分の制限がある。右腕にシャントがあるので重い物は持たないでほしい。それ以外なら本人の体力次第で仕事はしてよい。視力は緑内障で視野狭窄があり進行している。また入浴時に急激な血圧低下で意識消失を起こし転倒を繰り返している。一人での入浴が困難で、前後の血圧測定が必要と思われる。透析後も血圧低下と倦怠感が強く、一人での歩行は危ない。	● 少しでも稼ぎたいという本人の気持ちを尊重し、その機会をつくっていく。 ● やりがいを含めた楽しみをつくっていく。 ● 新たな人間関係を構築していく。 ● 透析後は一人では歩行も困難。帰宅後妻が不在のため、夏や冬の時期には移動やエアコン調整といった支援が必要。 ● 自分でできることは自分で行いながら、妻の介護負担の軽減を図っていく。 ● 定期的に身体の保清を図り、本人が安全に入浴できる機会をつくっていく。	事業所の利用を継続し、本人のやりたい作業や収入を得ていく ↓ ニーズ 「小遣いくらい自分で稼ぎたい」 「細かい作業は得意」 「気晴らししたい」 作業や活動を通して人とのかかわりを増やしていく 「人と話をして気晴らししたい」 透析後安全に安心して帰宅することができる ↓ 「透析から帰った後、手伝ってほしい」 「透析から帰ったら歩けない、動けない」 本人が安心して入浴できるよう支援していく ↓ 「入浴したい」 「湯船に入りたい」 「家族に迷惑をかけたくない」

透析の後はかったるいし歩けないし、この前転んだから一人で風呂入るの怖いんだよね」

ケースレポートの方法からケース検討会議の技術まで』明石書店、42 頁、2015. を一部改変により作成

サービス等利用計画案・障害児支援利用計画案

利用者氏名（児童氏名）	栃木　貴　様	障害支援区分	
障害福祉サービス受給者証番号	○○○○○○	利用者負担上限額	
地域相談支援受給者証番号		通所受給者証番号	

計画案作成日	○年○月○日	モニタリング期間（開始年月）	

利用者及びその家族の 生活に対する意向 （希望する生活）	（本人）小遣いを稼いで妻の負担を減らしたい、家にいるより人と話をして気晴 （妻）日中私も仕事をしていて一人なのが心配。できればどこかに出かけてほし		
総合的な援助の方針	本人の家族に対する思いや仕事に対する思いを大切にしながらサポートしてい		
	長期目標	本人が打ち込めるような作業や人とのかかわりを通して、充実した生活が送れ	
	短期目標	体調に留意しながら自宅で安心して妻と二人の生活を続けることができる。	

優先 順位	解決すべき課題 （本人のニーズ）	支援目標	達成 時期
1	小遣いくらい稼ぎたい	収入を得るために、役割をもち作業が行えるよう支援 していく。	3か月
2	人と話をして気晴らししたい	活動や作業を通して人とのかかわりを増やし、本人が 楽しめる機会を増やしていく。	3か月
3	入浴したい	体調を確認しながら、定期的に安心して入浴できるよ う支援していく。	3か月
4	透析後安心して過ごしたい	透析後安全に自宅で過ごせるように支援していく。	3か月
5	今後も安心して相談したい	本人、家族が今後も安心して相談できるよう引き継ぎ を行う。	3か月

198

区分2	相談支援事業者名	I 相談支援センター
	計画作成担当者	○○○○

1か月（○月○日）	利用者同意署名欄	栃木　貴

らししたい。透析後は動けないので手伝ってほしい。入浴したい。
い。今後の介護が心配。

く。

るよう支援していく。

福祉サービス等 種類・内容・量（頻度・時間）	課題解決のための 本人の役割	評価 時期	その他留意事項
● 就労継続支援B型 　軽作業・各月の暦日数から8日を 　差引いた日数	月5000円稼げるよ う仕事を頑張る。	1か月	介護保険への移行に伴い介護支援専門員に引き継ぎ中。3か月間毎月モニタリングを行う。
● 就労継続支援B型 　軽作業・各月の暦日数から8日を 　差引いた日数 ● 指定特定相談支援事業　随時 ● 介護支援専門員　随時	事業所へ復帰し、利用者や職員とのかかわりをもつ。	1か月	孫が来たときに地域のお祭りなどのイベントに参加する。
● 訪問介護（介護保険） 　入浴介助・月15時間 ● 訪問看護（介護保険） 　入浴介助　血圧測定　状況確認・月 　15時間	体調の悪いときには無理せず職員に伝える。	1か月	
● 訪問介護（介護保険） 　身体介助・月7.5時間	体調の悪いときには無理せず職員に伝える。	1か月	帰宅後の受入れ・ベッドまでの移動・移乗、電気・エアコン等の環境調整。
● 居宅介護支援事業所（介護支援専門員）　随時（モニタリング月1回） ● 指定特定相談支援事業　随時（モニタリング月1回）	困ったことがあったら相談する。	1か月	

サービス等利用計画案・障害児支援利用計画案【週間計画表】

利用者氏名（児童氏名）	栃木 貴 様	障害支援区分	
障害福祉サービス受給者証番号	○○○○○○	利用者負担上限額	
地域相談支援受給者証番号		通所受給者証番号	

計画開始年月	○年○月○日

	月	火	水	木
6：00				
8：00				
10：00	就労継続支援B型	（訪問看護・訪問介護）	就労継続支援B型	（訪問看護・訪問介護）
12：00				
14：00		透析通院		透析通院
16：00		（訪問介護）		（訪問介護）
18：00				
20：00				
22：00				
0：00				
2：00				
4：00				

サービス提供によって実現する生活の全体像	体調に留意しながら、自宅で家族を大切にした生活を継続し、本人が打ち込めるような作業や人とのかかわり…… 相談支援専門員と介護支援専門員が連携し、介護保険制度移行後も前向きに生活できるようにしていく。

区分2		相談支援事業者名	I 相談支援センター	
		計画作成担当者	○○○○	

金	土	日・祝	主な日常生活上の活動
			● 訪問介護・訪問看護は介護保険制度
就労継続支援B型			
	透析通院		
			週単位以外のサービス
	(訪問介護)		● 随時 介護保険制度の介護支援専門員と状況確認 とモニタリング

わりがつくられていく。

4 サービス等利用計画を作成する際の状況・ポイント

　退院前カンファレンスで主治医から受けた説明では、入浴方法の見直しが必要であるとのことであった。入院中に65歳を迎えることから、介護保険制度への移行という形で調整を行うこととなる。

　本人の希望である事業所への復帰については、本人に就労意欲があることや、経済的に苦しい家計状況で自分にかかるお金は「自分で何とかしたい」という気持ちであることが確認されたため、65歳以降も事業所の継続利用が認められる。

　障害福祉課の担当ケースワーカーと話した際には、本人や妻の健康状況、生活状況を共有した。そのうえで、病院からの退院と介護保険制度への移行が重なっており、混乱することが予想された。妻の精神状態等も考慮した結果、相談支援専門員と介護支援専門員との併走期間を3か月間作り引き継いでいく方向が確認された。

　本人からの希望で、医療機関に併設する事業所の介護支援専門員を調整し、今回の併走期間を共有する。事務処理上、一時的にサービス等利用計画とケアプラン（介護保険上の居宅サービス計画）が両方提出される形となるが、本人・家族の退院後の不安の軽減や関係ができている相談支援専門員から新たに介護支援専門員に移行するための配慮をしていくということで調整していくこととなる。

　介護保険サービスへの移行に伴う自己負担額の課題についても、障害福祉課ケースワーカーから「高齢障害者のための利用者負担軽減制度」について説明があり、介護保険サービスの利用も納得して利用していくこととなった。今回のような制度が移り変わるなかで、行政との連携も、本人に寄り添ううえで重要なポイントである。

5 その後の支援

　退院後、入浴支援の状況を確認する。男性のホームヘルパーと看護師の調整ができたことを喜び、以前は入ることができなかった浴槽にも入れるようになり、看護師やホームヘルパーとのかかわりも楽しんでいると報告がある。一方で、ホームヘルパーからキャンセルなどの連絡が相談支援専門員に入ってくる状況もあり、事業所間で調整していくこととした。

　入浴後などの際に介護支援専門員と一緒に訪問することで、情報共有が密になり、介護支援専門員と事業所のつながりも強化された。

　1か月後のモニタリング会議では事業所と在宅支援チームが連絡帳を使い、本人の体調や気になることのやり取りが行われていた。妻との関係ができている相談支援専

門員に介護支援専門員が同行することで、介護支援専門員と妻との関係も自然に深まり、今後の不安を直接話せるようにもなった。

2か月後のモニタリングでは、事業所からの帰宅途中に自治会長から声をかけられ、立ち話になったことを聞く。今回の転倒による救急搬送時にかけつけサポートしてくれた自治会長は、6年以上前の心不全、腎不全になる前に本人が自治会活動に参加していた頃の仲間という話を聞き、あらためて本人と一緒に挨拶に行く。今後、地域とのつながりについて介護支援専門員と共有する。

3か月後、モニタリングで訪問の際、事業所からボーナスが出たという。「正月に孫が来たらお年玉をあげるつもり」と喜んでいた。年明けの孫の帰省が団地の餅つき大会と重なっており、孫を連れて行こうかなとも話していた。

視野狭窄により今後は単独外出が心配され、地域とのつながりで解決方法を探ることはできないか介護支援専門員と共有する。介護保険サービスが軌道に乗り、介護支援専門員の関係構築が進んだところで3か月間の併走期間が終了となった。

6 相談支援専門員は「ここ」に注目する!

・相談支援専門員は本人との6年間のかかわりのなかで、本人や家族との信頼関係を構築している。65歳以降の介護保険サービスへの移行に伴い、今後も本人や家族が安心して暮らすことができるように介護支援専門員へ丁寧に引き継ぐことが求められる。

・介護保険制度におけるサービス利用への移行後も安心して利用できることを説明するため、行政のケースワーカーの協力も得て、本人や家族への説明を行っている。

・これまで相談支援専門員が中心となり居宅介護や事業所でサービスを調整してきたが、介護保険サービスへの移行後は介護支援専門員が中心となり調整していくこととなる。そのため、新たに介護支援専門員との信頼関係が構築できるように「のりしろ」の期間をつくり調整が行われた。

・介護支援専門員への引き継ぎにあたっては、本人の人生観や家族観などの方針をサービス提供事業所と共有していることを伝える。チームとしての支援を介護支援専門員が理解できるように、同行訪問状況確認とモニタリング、個別支援会議におけるサービス管理責任者との確認が行われている。

編著者一覧

編　集　　埼玉県相談支援専門員協会（さいたまけんそうだんしえんせんもんいんきょうかい）

編著者　　藤川雄一（ふじかわ・ゆういち）
特定非営利活動法人埼玉県相談支援専門員協会　前代表理事（現厚生労働省障害福祉課相談支援専門官）

岡村英佑（おかむら・えいすけ）
特定非営利活動法人埼玉県相談支援専門員協会・社会福祉法人鶴ヶ島市社会福祉協議会

小金渕美保子（こがねぶち・みほこ）
特定非営利活動法人埼玉県相談支援専門員協会・医療法人大壮会久喜すずのき病院

日野原雄二（ひのはら・ゆうじ）
特定非営利活動法人埼玉県相談支援専門員協会　代表理事・社会福祉法人鶴ヶ島市社会福祉協議会

梅田　耕（うめだ・こう）
特定非営利活動法人埼玉県相談支援専門員協会・社会福祉法人みぬま福祉会　川口市障害者相談支援センターみぬま

事例提供者（五十音順）

青木咲奈枝（あおき・さなえ）
特定非営利活動法人颺埜扉　相談支援センターしのひ

樫村千寛（かしむら・ちひろ）
特定非営利活動法人サポートあおい　障害者相談支援センターくらあじゅ

岸端　泉（きしはた・いずみ）
社会福祉法人みぬま福祉会　さいたま市北区障害者生活支援センターみぬま

齋藤由貴子（さいとう・ゆきこ）
社会福祉法人久美愛園　相談支援事業所ぶどうの木

慈道宏美（じどう・ひろみ）
社会福祉法人ともいき会　障害者生活支援センターともいき

中川基子（なかがわ・もとこ）
社会福祉法人一粒　生活相談支援センターしゃろーむ北本

中西美紀（なかにし・みき）
社会福祉法人昴　相談支援センター Yeast

森本亜由美（もりもと・あゆみ）
社会福祉法人鶴ヶ島市社会福祉協議会

薬澤一恵（やくざわ・かずえ）
社会福祉法人恩賜財団埼玉県済生会　生活支援センター夢の実

安増　望（やすます・のぞみ）
医療法人久幸会　川口市障害者相談支援センターいまむら

支援の質を高める
相談支援専門員のための実践事例集

2021 年 1 月 15 日　発行

編　集	埼玉県相談支援専門員協会
発行者	荘村明彦
発行所	中央法規出版株式会社
	〒110-0016　東京都台東区台東 3-29-1　中央法規ビル
	営　業　　　　TEL 03-3834-5817　FAX 03-3837-8037
	取次・書店担当　TEL 03-3834-5815　FAX 03-3837-8035
	https://www.chuohoki.co.jp/
ブックデザイン	株式会社ジャパンマテリアル
印刷・製本	長野印刷商工株式会社
イラスト	北田英梨（株式会社ジャパンマテリアル）

ISBN978-4-8058-8274-0